目録

卷一　道體……一
卷二　爲學大要……二八
卷三　格物窮理……八六
卷四　存養……一三一
卷五　改過遷善　克己復禮……一六六
卷六　齊家之道……一八九
卷七　出處進退辭受之義……二〇四
卷八　治國平天下之道……二二九
卷九　制度……二四九
卷十　政事……二七〇
卷十一　教學之道……三〇四
卷十二　改過及人心疵病……三一七
卷十三　異端之學……三三一
卷十四　聖賢氣象……三四四

【译文】

《乾卦》元、亨、利、贞四德中的元，地位就像仁、义、礼、智、信五常中的仁。偏指一义时就指元一项意义，如果只说元，它就包含了元、亨、利、贞四者。

【原文】

天所賦爲命，物所受爲性。——《程氏易傳·乾傳》

【译文】

所谓性、命，其实是一回事：就上天所赋予万物的角度说称命，就万物所禀受的角度说称性。

【原文】

鬼神者，造化之迹也。——《程氏易傳·乾傳》

【译文】

鬼神，是那不可见的神妙的造化者表现出的迹象。

【原文】

《剥》之爲卦，諸陽消剥已盡，獨有上九一爻尚存，如碩大之果不見食，將有復生之理。上九亦變，則純陰矣。然陽無可盡之理，變於上則生於下，無間可容息也。聖人發明此理，以見陽與君子之道不可亡也。或曰：剥盡則爲純《坤》，豈復有陽乎？曰：以卦配月，則《坤》當十月。以氣消息言，則陽剥爲《坤》，陽來爲《復》，陽未嘗盡也。《剥》盡於上，則《復》生於下矣。故十月謂之陽月，恐疑其無陽也。陰亦然。聖人不言耳。——《程氏易傳·剥傳》

【译文】

《剥》这一卦，是由《乾卦》渐次剥落而来，到《剥卦》，各阳爻消剥已尽，独有上九一阳爻尚存，其卦象，就像一个硕大的果子放在上面而没有被吃掉，将有阳气复生之理。如果上九爻也变成阴爻上六，那就成了纯阴的《坤卦》了。但是阳气没有能完全消亡的道理，上九变于上那么初九就会生于下，其中没有可容一息的间隙。圣人阐发、彰明这一道理，以显示阳和君子之道是不可消亡的。有人说：阳爻剥尽了，就成了纯阴的《坤卦》，难道还有阳吗？回答是：以卦来配月份，那么《坤卦》正当十月。按二气消息说，那么《剥卦》上九一阳剥去为《坤卦》，《坤卦》一阳爻来于下（最下一爻变为阳）就成《复卦》，阳气未尝消尽。《剥卦》阳尽于上时，《复卦》阳就生于下了。所以《坤卦》相配的十月称作阳月，是担心人们怀疑《坤卦》无阳啊。阴也是这样。只是圣人没有说明罢了。

【原文】

一陽復於下，乃天地生物之心也。先儒皆以静爲見天地之心，蓋不知動之端乃天地之心也。非知道者，孰能識之？——《程氏易傳·復傳》

【译文】

《复卦》在纯阴的《坤卦》之后一阳复生于下，这显示了天地生物之心。前代儒者都认为太极凝然不动的静时见天地之心，是因为不知道动而未动之初才见天地之心。不是深明大道的人，谁能认识到这一层呢？

【原文】

仁者，天下之公，善之本也。

——《程氏易傳·復傳》

【译文】

仁，是天下之大公，是一切善的根本。

【原文】

有感必有應，凡有動皆爲感，感則必有應。所應復爲感，所感復有應，所以不已也。感通之理，知道者默而觀之可也。

——《程氏易傳·咸傳》

【译文】

凡有感就必然有应。凡有动都成为感，凡感所动之处必有应，所应而动又成为感，所感之处又有应，因此感与应连续下去而无止息。因感而通的道理，明白大道的人去默默地观察好了。

【原文】

天下之理，終而復始，所以恒而不窮。恒非一定之謂也，一定則不能恒矣。惟隨時變異，乃常道也。天地常久之道，天下常久之理，非知道者孰能識之？

——《程氏易傳·恒傳》

【译文】

天下的运动规律，是终而复始，所以能恒久而不穷。恒并不是定于一处的意思，定于一而不变就不能恒久。只有随时变易，才是恒久之道。天地常久之道，天下常久之理，非明于道的人谁能了解呢？

【原文】

人性本善，有不可革者，何也？曰：語其性，則皆善也；語其才，則有下愚之不移。所謂下愚有二焉：自暴也，自棄也。人苟以善自治，則無不可移者。雖昏愚之至，皆可以漸磨而進。惟自暴者拒之以不信，自棄者絶之以不爲，雖聖人與居，不能化而入也。仲尼之所謂下愚也。然天下自棄自暴者，非必皆昏愚也。往往強戾而才力有過人者，商辛是也。聖人以其自絶於善，謂之下愚，然考其歸，則誠愚也。既曰下愚，其能革面，何也？曰：心雖絶於善道，其畏威而寡罪，則與人同也。惟其有與人同，所以知其非性之罪也。

——《程氏易傳·革傳》

【译文】

人性原本是善的，但又说有些不善的小人是不可变易的，这是怎么说呢？回答是：要说人天生的本性，那么都是善的；要说人的材质，那就有下等昏愚而不能改变的了。所谓的下愚有两种：一种是自我戕害的称作自暴，一种是自己放弃上进的称为自弃。人只要以善自我修治，那就没有不可改变的。即使是昏愚到了极点，也都可以渐渐磨砺而渐进的。只有自暴者以不诚信而拒不向善，自弃者以不去做而弃绝向善，即使和圣人住在一起，也不能教化他使他接受善心。这样的人就是孔子说的下愚的人。但是天下自暴自弃的人，并非都昏愚，往往强梁乖戾并且才力有过人之处，像殷纣就是这样的人。因为这样的人自绝于善，所以圣人称他们为下愚。然而考察一下他们的结局，那确确实实是昏愚的。已经称他们是下愚了，而他们又能革面，这又是怎么说呢？回答是：他们内心虽拒绝向善，但他们害怕君威而少犯罪过，那就表现得与一般的人一样了。正因为他们有与人相同的一面，所以就可以说明他们之愚恶不是本性之罪了。

【原文】

在物爲理，處物爲義。

——《程氏易傳·艮傳》

【译文】

理和义是同一概念的两种表述：就作为事物本身的法则说称作理，按照此理处置事物合于法则称作义。

【原文】

動靜無端，陰陽無始。非知道者，孰能識之？

——《程氏經説·易説》

【译文】

太极一动一静，如此循环，没有开端；一阴一阳，二气相交，也没有开始。如此微妙难明，不是明白大道的人，谁能理解呢？

【原文】

仁者天下之正理，失正理則無序而不和。

——《程氏經説·論語解》

【译文】

仁是天下的正理，失去这个正理那就会使天下没有尊卑之序，无序也就不会和谐。

【原文】

明道先生曰：天地生物，各無不足之理。常思天下君臣、父子、兄弟、夫婦，有多少不盡分處？

——《二程遺書》卷一

【译文】

程颢说：天地化生万物，各种事物无一不赋予其足份的天理。但我常想天下君臣、父子、兄弟、夫妇之间处事，又有多少不能尽其职分的地方？

【原文】

「忠信所以進德」，「終日乾乾」。君子當終日「對越在天」也。蓋「上天之載，無聲無臭」，其體則謂之易，其理則謂之道，其用則謂之神，其命於人則謂之性，率性則謂之道，脩道則謂之教。孟子去其中又發揮出「浩然之氣」，可謂盡矣。故説神「如在其上，如在其左右」，大小大事，而只曰：「誠之不可揜如此夫。」徹上徹下，不過如此。「形而上爲道，形而下爲器」，須著如此説。器亦道，道亦器，但得道在，不繫今與後，己與人。

——《二程遺書》卷一

【译文】

《周易》上说：「忠信所以进德」，又说「君子终日乾乾」。君子应当一天到晚「使自己的德行与上天之德相配」。「上天之事，虽然没有声响气味」，但就其本体说称作易，就其运行之理说称作道，就其妙用说称作神，就其赋予人的一分说称作性，顺着这本性去行事就称作道，修养身心以明此道就称作教。孟子又在心性修养中发挥出「浩然之气」的说法，如此以来可以说是说得很完整了。所以说到神的时候就说「就像在我的上边，就像在我的左右」。不论什么样的事，体现着神的精爽，就只说：「神的至诚的德行不可掩藏以至于如此呀。」上而天地鬼神，下而人事万物，都不过如此。「抽象而超越形体之上的事理、规则称作道，具体有形可见的东西称作器」，理论上须得这么分开来说。但事实上器也就是道，道也就是器，二者是不可分割的。只要有道在，便不拘今日与以后，也不拘自身与他人，都能无所不合。

【原文】

醫書言手足痿痹爲不仁，此言最善名狀。仁者以天地萬物爲一體，莫非己也。認得爲己，何所不至？若不有諸己，自不與己相干。如手足不仁，氣已不貫，皆不屬己。故「博施濟衆」，乃聖之功用。仁至難言，故止曰：「己欲立而立人，己欲達而達人。能近取譬，可謂仁之方也已。」欲令如是觀仁，可以得仁之體。

——《二程遺書》卷二上

【译文】

医书上称人的手足筋肉痿缩枯死为不仁，这话是对不仁的最好形容。仁德的人把天地万物看做一体，没有一物不属于自身。把万物看做自身，还有什么仁爱之事做不到呢？如果不属于自身，自然与自己无关。就像手足不仁之病，气脉已经是不贯通了，就都不属于自身的一部分了。所以孔子说「博施济众」，乃是圣德之功用。仁是最难说明的，所以孔子只说：「己欲立而立人，己欲达而达人。能够就眼下的事实选例一步步去做，就可以说是行仁的方法了。」如果能让人们这样去认识仁，就可以了解仁的大体了。

【原文】

生之謂性。性卽氣，氣卽性，生之謂也。人生氣稟，理有善惡，然不是性中元有此兩物相對而生也。有自幼而善，有自幼而惡，是氣稟有然也。善固性也，然惡亦不可不謂之性也。蓋生之謂性，「人生而靜」，以上不容說，才說性時，便已不是性也。凡人說性，只是說「繼之者善也」，孟子言性善是也。夫所謂「繼之者善也」者，猶水流而就下也。皆水也，有流而至海，終無所汙，此何煩人力之爲也？有流而未遠，固已漸濁；有出而甚遠，方有所濁。有濁之多者，有濁之少者。清濁雖不同，然不可以濁者不爲水也。如此則人不可以不加澄治之功。故用力敏勇則疾清，用力緩怠則遲清。及其清也，則卻只是元初水也。亦不是將清來換卻濁，亦不是取出濁來置在一隅也。水之清，則性善之謂也。故不是善與惡在性中爲兩物相對，各自出來。此理，天命也。順而循之，則道也。循此而脩之，各得其分，則教也。自天命以至於教，我無加損焉。此舜有天下而不與焉者也。

——《二程遺書》卷一

【译文】

告子说：天生具有的资质叫做性。性就是气禀，气禀就是性，这就是告子说的「生」（天生具有）的意思。人初生时禀受的气，从道理说应是有善有恶，但不是人的本性中有善恶两个东西相对而产生而存在。有的人自幼就善，有的人自幼就恶，这是气禀不同使然的。善固然是人性，但是恶也不能不称作性。这生之谓性，「人生而静」，以前的事说不得，才说生之谓性，他已不是初生之时了，才说人生而静，他已感于物而动了，于是就不再是初生时、未动时之性了。大凡人说到性时，只是说「继承天的法则的就是善」，孟子言人性善就是就这种意义说的。《周易》说的「继承天的法则为善」，就像孟子说的人性之善，犹如流水趋向低下之处一样。同样都是水，有的一直流到大海，终究也没有污染，这哪里还需要人力去澄清呢？有的流得还不远，就已经逐渐混浊了；有的流得很远了，才有些混浊。有混浊得严重的，有混浊得较轻些的。清浊虽然不同，然而不可因其混浊而不称其为水。如此，那就不能不用人力加以澄清了。所以用力勤而勇猛的就很快变清，用力缓迟怠惰的就慢慢澄清。等到水变清了，那却还是原来的水。也不是拿清水来换去了浊水，也不是取出浊水放到一边去了。水的清，是性善的比喻。所以并不是善与恶在本性中为两个东西相对，各自表现出来。这个理，就是天命。顺着这天命遵从这天命，就是道。循着天命加以修治，以得到天命赋予各人那一份，便是教。《中庸》上说的从天命到教化这一整个过程，我既不附加上些什么也不减损去些什么。这就像舜虽然居有天下却不加干预一样啊。

【原文】

觀天地生物氣象。

——《二程遺書》卷六

【译文】

观察那天地生长万物的景象。

【原文】

萬物之生意最可觀。此「元者善之長也」。斯所謂仁也。——《二程遺書》卷十一

【译文】

世上万物初生时的形态最为好看。这就是《乾卦·文言》「元者善之长也」一句话的含义。这也就如仁、义、礼、智四善之首的仁。

【原文】

滿腔子是惻隱之心。——《二程遺書》卷三

【译文】

浑身上下充满了同情他人之心。

【原文】

天地萬物之理，無獨必有對，皆自然而然，非有安排也。每中夜以思，不知手之舞之足之蹈之也。——《二程遺書》卷十一

【译文】

天地及万物中的理，没有一种是孤立的，都一定有对应，全都是自然而然，并非谁有意的安排。每每半夜想到这些，叫人不由激动得手舞足蹈。

【原文】

中者天下之大本，天地之閒，亭亭當當，直上直下之正理。出則不是，惟「敬而無失」最盡。——《二程遺書》卷十一

【译文】

中是天下大的根本，是天地之间不偏不倚、直上直下的正理。人的喜怒哀乐之情一表现出来就不是中了，只有「谨慎地约束自己的感情而不失去中道」，才是最大限度地接近中。

【原文】

伊川先生曰：公則一，私則萬殊。人心不同如面，只是私心。——《二程遺書》卷十五

【译文】

程颐说：公心都是一样的，私心则形形色色。俗话说人心不同各如其面，原因只是各自怀着各自的私心。

【原文】

凡物有本末，不可分本末爲兩段事。「灑埽應對」是其然，必有所以然。

——《二程遺書》卷十五

【译文】

一切事物都有根本和末节，但不能把根本和末节截然分成两回事。「教育子弟要让他们进行洒水扫地之类道德实践，学会回答尊长的问话」，这是应该如此，但一定还有为什么如此的道理。

【原文】

楊子拔一毛不爲，墨子又摩頂放踵爲之，此皆是不得中。至如「子莫執中」，欲執此二者之中，不知怎麼執得？識得，則事事物物上皆天然有個中在那上，不待人安排也。安排著則不中矣。

——《二程遺書》卷十七

【译文】

杨子拔一根毫毛而有利于天下都不肯干，墨子又摩秃头顶，走破脚跟，只要有利于天下，什么都干，他们都没有把握中道。至于说「子莫要掌握适中」，他要在杨子和墨子两者之间掌握适中，不知怎样能掌握得了？真的认识了中，那么事事物物上，都天然有一个中在上边，不需人去给它安排一个中。如果人为安排，安排着这中的时候，时推事移，它已经不是中了。

【原文】

問：時中如何？伊川先生曰：「『中』字最難識，須是默識心通。且試言一廳，則中央爲中。一家，則廳中非中，而堂爲中。言一國，則堂非中，而國之中爲中。推此類可見矣。如『三過其門不入』，在禹、稷之世爲中，若『居陋巷』則非中也。『居陋巷』在顔子之時爲中，若『三過其門不入』則非中也。」

——《二程遺書》卷十八

【译文】

有人问：怎样做到时中？程颐回答说：「『中』字最难理解，须要默默理会贯通于心。且打个比方，如说一个厅，那么厅的中央是中。如果是说一家，那厅的中央就不再是中，而堂为中。如果说一国，那堂也不再是中，而国家的中心是中。由此类推就可以认识时中了。例如『三过家门而不入』，在禹稷那样的清平时代是中，如果『隐居在陋巷中』，在颜回那样的昏乱时代是中，如果『三过家门而不入』，就不是中了。『隐居在简陋的巷子里』，就不是中了。」

【原文】

無妄之謂誠，不欺其次矣。

——《二程遺書》卷六

【译文】

无妄就称作诚，其次诚的意思才是不欺。

【原文】

沖漠無朕，萬象森然已具，未應不是先，已應不是後。如百尺之木，自根本至枝葉，皆是一貫。不可道上面一段事，無形無兆，却待人旋安排引入來教入途轍。既是途轍，却只是一個途轍。

——《二程遺書》卷十五

【译文】

在世界万物形成之前的无形无迹的虚寂状态中，万事万物之理早已具备了，理是恒久的，只是那个理，未与物应时之理无所谓先，已与物应时之理也无所谓后。它就像一棵百尺高的大树，从根本到枝叶，都是贯通的。不能说世界万物产生以前，它既无形迹也无征兆，直到事物出现了，才等着人临时安排个路子把理引进来。既然是个路子，则只是这同样一个路子。

【原文】

近取諸身，百理皆具。屈伸往來之義，只於鼻息之間見之。屈伸往來只是理，不必將既屈之氣，復爲方伸之氣。生生之理，自然不息。如《復卦》言「七日來復」，其間元不斷續，陽已復生。「物極必返」，其理須如此。有生便有死，有始便有終。

——《二程遺書》卷十五

【译文】

认识事理如果取法于自身，则人的一身体现具备了所有的理。只就气的屈伸往来说，只在这人的呼吸中就能见到。屈伸往来不过是屈伸往来之理，不一定把已经从物体上消散而回归太虚的气，又看做刚刚来禀赋于物的气。生生不已之理，自然是永无止息的。如《复卦》说「七日来复」，这七日之中气的屈伸原本没有间断。就《周易》的消息卦看，纯阳的《乾》剥落直到纯阴的《坤》，到《复卦》阳气已经复生，「这是物极必反」，其中的道理应当如此。所以有生就有死，有始就有终。

【原文】

明道先生曰：天地之間，只有一個感與應而已，更有甚事？

——《二程遺書》卷十五

【译文】

程颢说：天地之间，事事物物的关系可以概括为一个感和应的关系，除此之外还有什么呢？

【原文】

問仁。伊川先生曰：「此在諸公自思之，將聖賢所言仁處類聚觀之，體認出來。孟子曰：『惻隱之心，仁也。』後人遂以愛爲仁。愛自是情，仁自是性，豈可專以愛爲仁？孟子言：『惻隱之心，仁之端也。』既曰仁之端，則不可便謂之仁。退之言：『博愛之謂仁。』非也。仁者固博愛，然便以博愛爲仁則不可。」

——《二程遺書》卷十八

【译文】

有人问什么是仁。程颐回答说：「这要诸位自己去思考，把圣贤谈到仁的话分类集结了来看，体会出来。孟子说：『同情他人之心是仁。』后人于是认为爱就是仁。爱属于情感，仁自是本性，怎么能简单地把爱当做仁？孟子说：『同情之心，是仁的萌芽。』既然说是仁的萌芽，不能就称作仁。韩愈说：『博爱称作仁。』这是不对的。仁者固然博爱，但用博爱来解释仁，则不可。」

【原文】

問仁與心何異？伊川曰：「心譬如穀種，生之性便是仁，陽氣發處乃情也。」

——《二程遺書》卷十八

【译文】

有人问：仁和心这两个概念有什么不同？程颐回答说：「打个比方说，心就好比一粒谷种，它所包含的生长的本性就是仁，这本性遇阳气而发动时就变成情（也就是爱）了。」

【原文】

義訓宜，禮訓別，智訓知，仁當何訓？說者謂訓覺、訓人，皆非也。當合孔孟言仁處，大概研窮之，二三歲得之未晚也。

——《二程遺書》卷二十四

【译文】

义解释为合宜，礼解释作区分，智解释为见识，仁应当如何解释？讲解的人说解释为觉，解释为人，都不对。应该把孔子、孟子谈论仁的话收集来结合着看，从大处深入研究，两三年能得出结论也不算晚。

【原文】

性卽理也。天下之理，原其所自，未有不善。喜怒哀樂未發，何嘗不善？發而中節，則無往而不善。故凡言善惡，皆先善而後惡；言吉凶，皆先吉而後凶；言是非，皆先是而後非。

——《二程遺書》卷二十二上

【译文】

性也就是理。天下的道理，考察一下它们的来源，没有不善的。喜怒哀乐之情没有表现出来时，哪有什么不善？表现出来如果全都适度，则表现在任何地方都没有不善的。因此，大凡人说善恶，都是先说善后说恶；说吉凶，都是先说吉后说凶；说是非，都是先说是后说非。

【原文】

問：心有善惡否？伊川曰：「在天爲命，在義爲理，在人爲性，主於身爲心，其實一也。心本善，發於思慮，則有善有不善。若既發，則可謂之情，不可謂之心。譬如水，只可謂之水。至如流而爲派，或行於東，或行

於西，卻謂之流也。」

——《二程遺書》卷十八

【译文】

有人问心有善恶吗？程颐回答说：「命、理、性、心这些概念，体现在天的本然称为命，体现为义的当然叫做理，体现在人的身上称作性，就主宰人身说称为心，其实都是一回事。心原本是善的，表现为思虑，就有善有不善了。如果已经表现出来，那就只能称作情，而不能称作心了。比如水，只能称作水。至于流而成为水道，或流向东，或流向西，却称作流了。」

【原文】

性出於天，才出於氣。氣清則才清，氣濁則才濁。才則有善有不善，性則無不善。

——《二程遺書》卷十九

【译文】

人的本性出于天赋，材质则得之于气禀。所禀之气清则才清，所禀之气浊则才浊。材质有善有不善，天性则没有不善的。

【原文】

性者自然完具，信只是有此者也。故四端不言信。

——朱熹《孟子精義》卷十一《録程顥語》

【译文】

性的意思就说明它本身仁、义、礼、智都自然完备，信的意思仅仅是确有这些而已，所以孟子谈四善端而没有说到信。

【原文】

心，生道也。有是心，斯具是形。以生惻隱之心，人之生道也。

——《二程遺書》卷二十一下

【译文】

人心，体现了天地生物之意。有了这个天地生物之心，人才具备了形体。而生成恻隐之心，则是人的生物之心。

【原文】

横渠先生曰：氣坱然太虚，升降飛揚，未嘗止息。此虚實動静之機，陰陽剛柔之始。浮而上者陽之清，降而下者陰之濁。其感遇聚結，爲風雨，爲霜雪，萬品之流行，山川之融結。糟粕煨燼，無非教也。

——張載《正蒙·太和》

【译文】

张载说：气茫然无边，而又无形无容，在空中升降飞扬，从来不曾停止。当它升降飞扬时，

也就开始了虚实、动静、阴阳、刚柔的分化。浮而上升的是阳气清气，降而下沉的是阴气浊气。气与气相感相遇而凝结，成为风雨，成为山川，万类品物流布而成形，融而为河流，结而为山丘。这些都不过是太和之气的糟粕灰烬，都无非是天地借之以向人们展示天地之理的。

【原文】

游氣紛擾，合而成質者，生人物之萬殊；其陰陽兩端，循環不已者，立天地之大義。

——張載《正蒙·太和》

【译文】

游离之气纷纷乱乱，聚合而成为形质，生成了千差万别的人和物；那阴阳二气循环不已，建立了天地之间大的方面。

【原文】

天體物不遺，猶仁體事而無不在也。「禮儀三百，威儀三千。」無一物而非仁也。「昊天曰明，及爾出王；昊天曰旦，及爾游衍。」無一物之不體也。

——張載《正蒙·天道》

【译文】

一切的物都是由上天生成的，就像所有的事都是由仁心做成的。「礼仪三百，威仪三千。」没有一物不是仁的体现。「上天的眼睛最明亮，和你一同共来往；上天的眼睛最明亮，和你一起同游逛。」没有一事不体现着仁心。

【原文】

鬼神者，二氣之良能也。

——張載《正蒙·神化》

【译文】

鬼神造物的神妙功用，是阴阳二气天然具备的良能。

【原文】

物之初生，氣日至而滋息。物生既盛，氣日反而游散。至之謂神，以其伸也；反之謂鬼，以其歸也。

——張載《正蒙·動物》

【译文】

事物初生之时，所禀之气一天天来聚，它就一天天滋长生息。及至极盛时，气一天天离散而去返归太虚。气来称作神，因为它使事物伸展生长；气之返回称作鬼，因为它回归去了。

【原文】

性者萬物之一源，非有我之得私也。惟大人爲能盡其道是故立必俱立，知必周知，愛必兼愛，成不獨成。彼自蔽塞而不知順吾性者，則亦未如之何矣。

——張載《正蒙·誠明》

【译文】

天地本原之性是万物之性的同一根源，不是一人所能独有的。只有德行崇高的大人懂得万物与我同一性的道理，视自身与万物为一体。所以他要立身一定让众人都能立身，他的智慧要遍及于一切事物，他的爱一定是广泛地爱一切人与物，他不追求一己成就而使众人都有所成就。虽然如此，对那些自己蔽塞了天性而不知道顺着天性发展的人，也是拿他没有办法。

【原文】

一故神。譬之人身，四體皆一物，故觸之而無不覺，不待心至此而後覺也。此所謂「感而遂通」，「不行而至，不疾而速」也。

——《横渠易説》卷三《繫辭上》

【译文】

天地万物本为一体，所以才有神妙不测的神奇。这可以用人身来作比，四肢都是一体，所以碰到任何一个地方都能感觉到，不用等到心想到那个地方而后才感觉得到。这就是《周易》上说的「感而遂通」，「不行而至，不疾而速」的意思啊。

【原文】

心，統性情者也。

——張載《性理拾遺》

【译文】

心包含了未与物接寂然不动的性和感于物而动的情。

【原文】

凡物莫不有是性。由通、蔽、開、塞，所以有人物之别；由蔽有厚薄，故有知愚之别。塞者牢不可開，厚者可以開，而開之也難；薄者開之也易。開則達於天道，與聖人一。

——張載《性理拾遺》

【译文】

大凡世间万物无不具有天地本善之性。由于此性或通透、或蒙蔽、或开畅、或闭塞之种种不同，所以有了人和物的区别；又由于这本善之性被蒙蔽的薄厚不同，所以又有聪明与愚暗的差别。那些天性完全被堵塞着的，坚牢不可开启；蒙蔽得厚的可以开启，但开启起来很困难；蒙蔽得薄的开启就容易。而一旦开启了就与天道相通，这人也就和圣人一样了。

卷二　為學大要

【原文】

濂溪先生曰：聖希天，賢希聖，士希賢。伊尹、顔淵，大賢也。伊尹恥其君不爲堯舜，一夫不得其所，若撻於市。顔淵「不遷怒，不貳過」，「三月不違仁」。志伊尹之所志，學顔子之所學，過則聖，及則賢，不及則亦不

失於令名。

——周敦頤《通書·志學》

【译文】

周敦颐说：圣明的人希望自己成为天人，贤能的人希望自己成为圣人，普通的士人希望自己成为贤人。伊尹、颜回，是大贤人呀。伊尹以不能使自己的君主成为尧舜那样的圣君为耻，天下有一个男人没有得到合适的安置，他就感到像在闹市被鞭挞一样耻辱。颜回「不把怒气转移到别人身上，同一过错不会犯第二次」，「他的心长时间不离开仁德」。如果一个人把伊尹的志向作为自己的志向（使其君为尧舜），学习颜回所学的东西（在体圣人之道中追求圣人的精神境界），若超过他们就成为圣人，赶上了他们就成为贤人，即使赶不上也能得到美名。

【原文】

聖人之道入乎耳，存乎心，蕴之爲德行，行之爲事業。彼以文辭而已者，陋矣。

——周敦頤《通書·陋》

【译文】

圣人的学说从耳朵里听进去，记在心中，蕴含于自身则成为德行，实行起来则成为事业。那些认为学习圣人之道仅仅是学习圣人之文辞而已的人，太浅陋了。

【原文】

或問：「聖人之門，其徒三千，獨稱顔子爲好學。夫《詩》、《書》六

藝，三千弟子非不習而通也，然則顔子所獨好者，何學也？」伊川先生曰：「學以至聖人之道也。」「聖人可學而至歟？」曰：「然。」「學之道如何？」曰：「天地儲精，得五行之秀者爲人。其本也真而靜，其未發也五性具焉，曰仁、義、禮、智、信。形既生矣，外物觸其形而動其中矣。其中動而七情出焉，曰喜、怒、哀、懼、愛、惡、欲。情既熾而益蕩，其性鑿矣。是故覺者約其情，使合於中，正其心，養其性。愚者則不知制之，縱其情而至於邪僻，梏其性而亡之。然學之道，必先明諸心，知所往，然後力行以求至，所謂『自明而誠』也。誠之之道，在乎信道篤；信道篤，則行之果；行之果，則守之固。仁義忠信，不離乎心。『造次必於是，顛沛必於是』，出處語默必於是。久而弗失，則居之安。動容周旋中禮，而邪僻之心無自生矣。故顔子所事，則曰：『非禮勿視，非禮勿聽，非禮勿言，非禮勿動。』仲尼稱之，則曰：『得一善，則拳拳服膺而弗失之矣。』又曰：『不遷怒，不貳過。』『有不善未嘗不知，知之未嘗復行也。』此其好之篤、學之之道也。然聖人則『不思而得，不勉而中』，顔子則必思而後得，必勉而後中。其與聖人相去一息。所未至者，守之也，非化之也。以其好學之心，假之以年，則不日而化矣。後人不達，以謂聖本生知，非學可至，而爲學之道遂失。不

求諸己而求諸外，以博聞強記、巧文麗辭爲工，榮華其言，鮮有至於道者。則今之學與顏子所好異矣。」

——《二程文集》卷八《顏子所好何學論》

【译文】

有人问：「孔子的门下，有弟子三千，孔子只称赞颜回为好学。想那《诗》、《书》、《易》、《礼》、《乐》、《春秋》，三千弟子并非不曾学习并贯通，如此说来颜回他所独自喜好的又是什么学问呢？」程颐回答说：「是通过学习达到圣人的境地成为圣人啊。」又问：「圣人也可以通过学习达到吗？」回答说：「是的。」又问：「怎样学习呢？」回答说：「天地间储存着精气，禀赋了五行之秀气而生的是人。人的天性是真而静的，当未表现为情感时，本性中具备了仁、义、礼、智、信所有的善性。当人的形体形成以后，外物刺激人的形体而感动了人的内心。内心感动，七情也就产生了，所谓七情就是喜、怒、哀、惧、爱、恶、欲。情感达到炽烈的地步以后，人心就更加摇荡，人的本性就被凿伤了。所以明智的人约束自己的情感使之合于中，以正其心，以养其性。愚暗的人却不懂得要约束它，放纵自己的情感以至于走向邪僻，束缚了纯善的本性而使之丧失。但为学的方法，一定要先做到内心明白，知道进取的方向，然后努力实行以求达到目的，这就是前人所说的『由明到诚』呀。使自己达到诚的方法，在于信圣人之道的笃诚；信道笃诚，实行时就果决；实行得果决，守持得就牢固。仁义、忠信不离开自己的内心。『匆忙仓促中也一定牢记仁义忠信，困顿挫折中也不忘仁义忠信』，出而用世、退而隐居，以及说话时、缄默时，都时刻不忘仁义忠信。长久保持而不丢失，就会使自己安稳地置身于仁义忠信之中。到了自己的举止容仪、行为动作全部符合礼的要求了，那么邪僻之心就无由产生了。所以颜回要实践的，就称作：『非礼勿视，非礼勿听，非礼勿言，非礼勿动。』孔子称赞颜回，则说他：『学到了一种善行，就谨慎地奉持着放到自己心上而不让它丢失。』又说：『不把怒气迁移到别人身上，同样的错误不犯两次。』『有了不好的行为没有认识不到的，认识到以后没有再去做的。』这就是他爱好圣人之道的笃诚，并从而学习的方法呀。但是圣人则是『无须思虑心中自然明白，不用努力自然从容中道』。颜回却一定要经过思考才能有收获，一定要经过努力才能做到适中。他离成为圣人还有一息之差。他所没能达到圣人境界的，是只能谨守圣人之道，还没有达到化的地步。以他的好学之心，让他多活几年，则不久就会达到化境了。后人不明白，认为圣人本是生而知之的，不是通过学习所能做到的，为学之道于是就丧失了。今天的人们学习不是求得自我修养的提高，而是去读些他人的东西，认为博闻强记、巧文丽辞是学问之工，把言辞修饰得繁富华丽，这样的人少有能学得圣人之道的。那么今日的学问，与颜回所喜爱的学问是不同了。」

【原文】

横渠先生問於明道先生曰：「定性未能不動，猶累於外物，何如？」

明道先生曰：「所謂定者，動亦定，靜亦定。無將迎，無內外。苟以外物爲外，牽己而從之，是以己性爲有內外也。且以性爲隨物於外，則當其在

外時，何者爲在内？是有意於絶外誘，而不知性之無内外也。既以内外爲二本，則又烏可遽語定哉？夫天地之常，以其心普萬物而無心；聖人之常，以其情順萬事而無情。故君子之學，莫若廓然而大公，物來而順應。《易》曰：『貞吉，悔亡。憧憧往來，朋從爾思。』苟規規於外誘之除，將見滅於東而生於西也。非惟日之不足，顧其端無窮，不可得而除也。人之情各有所蔽，故不能適道，大率患在於自私而用智。自私則不能以有爲爲應迹，用智則不能以明覺爲自然。今以惡外物之心，而求照無物之地，是反鑒而索照也。《易》曰：『艮其背，不獲其身。行其庭，不見其人。』孟氏亦曰：『所惡於智者，爲其鑿也。』與其非外而是内，不若内外之兩忘也。兩忘則澄然無事矣。無事則定，定則明，明則尚何應物之爲累哉？聖人之喜，以物之當喜；聖人之怒，以物之當怒。是聖人之喜怒不係於心，而係於物也。是則聖人豈不應於物哉？烏得以從外者爲非，而更求在内者爲是也？今以自私用智之喜怒，而視聖人喜怒之正，爲何如哉？夫人之情易發而難制者，惟怒爲甚。第能於怒時遽忘其怒，而觀理之是非，亦可見外誘之不足惡，而於道亦思過半矣。」

——《二程文集》卷二《答横渠張子厚先生書》

【译文】

张载问程颢说：「要定性但还做不到内心不动，因为内心仍然受到外物的影响，怎么办呢？」

程颢回答说：「所谓定性，心动也定，心静也定。不分心应外物或外物入心，也根本没有了内心与外物的分别。如果把外物作为外，牵引着你的内心跟随着外物，这是把你的心分成了内和外。况且如果认为你的心会随物在外，那么当它应物在外时，什么是在内的呢？这是有意于拒绝外物的诱惑，却不知道心性本来并不分内外。既然把内外当做两个东西，那又怎么能够就说定性呢？天地之所以恒常不变，是因为天地之心遍及万物而无其特有的心；圣人之所以无所不适，是因为圣人之情顺应万事而无一己之情。所以君子要通过学习朝着圣人的方向努力，最好不过的就是推广自身而成为大公，万物之来都能顺应。《周易》上说：『虚己就吉，就没有了悔吝。如果心思不定地走来走去，就只有少数的朋辈，会顺从你的思路。』如果一门心思地想如何消除外物的诱惑，你将会看到东边的诱惑刚消除，西边的诱惑又出现了。不仅没有那么多时间去消除，而且外物多得无穷无尽，诱惑也就无穷无尽，也没办法消除。人的性情都被这样那样蔽塞着，所以都不能到达圣人之道，被蔽塞的原因大多是由于自私和用智。自私就不能把自己的作为统一于顺应外物当然的形迹，用智就不能以明觉符合于本体之自然。现在你是想用一颗厌恶外物的心，和一个空无一物的世界相观照，这就像把镜子翻过去用不明的镜背去照。《周易》上说：『人的背部静止了，全身都静止了。就像人的内心宁静了，达到了忘我的境地，就会忘掉了自我的存在。外界的一切刺激，都

不会触动你的内心。即使走在庭院中，也不会看见那里的人。』孟子也说：『之所以讨厌智巧的原因，是因为智巧破坏自然。』与其否定外物肯定内心，不如内外两忘的好。内外两忘就能做到澄然无事。澄然无事就能心定，心定就心明，心明了当应物时还会受什么连累呢？圣人的欣悦，是因为遇到的事物应该喜悦；圣人的愤怒，是因为遇到的事物应该愤怒。这就是说圣人的喜怒不取决于他的内心而取决于他遇到的事物。那么能说圣人之心不与外物相应吗？怎么能说心与外物相应为非，而又寻找不接外物的内在之心才认为是对呢？现在拿你自私用智的喜怒，与圣人正当的喜怒相比又怎么样呢？人的感情，最容易表现出来却难以抑制的，要数愤怒了。只要能在愤怒的时候，立刻忘掉愤怒，而冷静地分析理的是非，那就会发现外物的诱惑不值得讨厌，这样对于圣人之道，大致也就把握得差不多了。」

【原文】

伊川先生《答朱長文書》曰：聖賢之言，不得已也。蓋有是言，則是理明；無是言，則天下之理有闕焉。如彼耒耜陶冶之器，一不制，則生人之道有不足矣。聖賢之言，雖欲已，得乎？然其包涵盡天下之理，亦甚約也。後之人始執卷，則以文章爲先。平生所爲，動多於聖人。然有之無所補，無之靡所闕，乃無用之贅言也。不止贅而已，既不得其要，則離真失正，反害於道必矣。來書所謂「欲使後人見其不忘乎善」，此乃世人之私心也。夫子「疾没世而名不稱焉」者，疾没身無善可稱云爾，非謂疾無名也。名者可以厲中人。君子所存，非所汲汲。

——《二程文集》卷九《答朱長文書》

【译文】

程颐《答朱长文书》中说：古代圣贤的言论，是他们不得已才说出来的。因为有他这句话，天下人就明白了这个理；没有这句话，那么天下的道理就有欠缺。这就像种地的耒耜制陶的陶具铸器的冶具等器具一样，有一种没有制作出来，天下生民的需要就有一方面不能满足。圣贤之言即使他想不说，能够吗？他们说了，但即使那些包含尽天下之理的话，说得也很简约。后代的人刚刚开始学读书，就把写文章放在前边。一个人平生写的文章，动不动就比圣人的还多。但这些文章有的对天下也没有什么补益，没有它也没有什么欠缺，都是些无用的多余的话。还不仅仅是无用多余而已，既然说得不得要领，就会离真失正，反而有害于圣人之道是肯定的了。来信中说到「多写文章是想让后人知道自己不忘善道」，这也是世人的私心。孔子说的「疾没世而名不称」的话，意思是说痛恨到老死也没有什么善行可称道的，不是说痛恨自己没有名声。名这东西可以用来激励中等的人向善。但君子的存心，并不急急地去追求它。

【原文】

内積忠信，所以進德也；擇言篤志，所以居業也。知至至之，致知

也。求知所至而後至之，知之在先，故可與幾。所謂「始條理者，知之事也」。知終終之，力行也。既知所終，則力進而終之，守之在後，故可與存義，所謂「終條理者，聖之事也」。此學之始終也。——《程氏易傳·乾傳》

【译文】

内部忠信的积累，是进修自己德行的方法；选择恰当的言辞，确立至诚的心志，是立业的根基。知道应该开始的时候及时开始，这样去获得知识。力求弄清应该开始去做的时候而后开始去做，是知在行之先，所以可以说是把握了几微。这就是孟子说的「善始在于智」的意思。知道该结束的时候就结束，这是努力实行的事。已经知道该怎样结束了，就努力推进而结束它，守持所得到的东西在这过程之后，所以可以保持义，这就是孟子说的「（善始且）善终是圣人之事」的意思。这就是为学的开头和终结。

【原文】

君子主敬以直其内，守義以方其外。敬立而内直，義形而外方。義形於外，非在外也。敬、義既立，其德盛矣，不期大而大矣。德不孤也，無所用而不周，無所施而不利，孰爲疑乎？——《程氏易傳·坤傳》

【译文】

君子以敬慎的态度，使内心正直；坚守正义的准则，作为外在的行为规范。敬慎的态度确立了内心就正直，正义表现出来就成为外在的行为规范。正义表现在外，但它不是外在的东西。敬和义一旦确立，人的德行就非常崇高了，不需要有意去追求大，自然也就大了。德行是不会孤立的，只要建立了敬和义的品德和精神，那么用到哪里全都适用，在哪里施行都无所不利，谁还会怀疑呢？

【原文】

動以天爲無妄，動以人欲則妄矣。《無妄》之義大矣哉！雖無邪心，苟不合正理，則妄也，乃邪心也。既已無妄，不宜有往，往則妄也。故《無妄》之《彖》曰：「其匪正有眚，不利有攸往。」——《程氏易傳·無妄傳》

【译文】

依照天的法则行动就是无妄，为人欲的驱使而动就成为妄了。《无妄》的含义太伟大了！即使是你没有邪心，但如果你动得不合正理，那也是妄，也就是邪心。既然已经达到无妄了，就不应该再前进，前进就是妄了。所以《无妄》的《彖》辞说：「其匪正有眚，不利有攸往。」

【原文】

人之蘊蓄，由學而大，在多聞前古聖賢之言與行。考迹以觀其用，察言以求其心。識而得之，以蓄成其德。——《程氏易傳·大畜傳》

【译文】

人的品德学识的积蓄，通过学习而丰富，学习的方法，在于多了解古代圣贤的言论与行事。就行的方面说，考察圣贤的行事从而认识他们如此行事的功用；就言的方面说，考察他们的言论从而推求他们的用心。理解了这些成为自己的收获，如此积累而养成自己的德行。

【原文】

《咸》之象曰：「君子以虛受人。」《伊川易傳》曰：「中無私主，則無感不通。以量而容之，擇合而受之，非聖人有感必通之道也。」其九四曰：「貞吉，悔亡。憧憧往來，朋從爾思。」傳曰：「感者，人之動也，故《咸》皆就人身取象。四當心位而不言咸其心，感乃心也。感之道無所不通，有所私係，則害於感通，所謂悔也。聖人感天下之心，如寒暑雨暘，無不通無不應者，亦貞而已矣。貞者，虛中無我之謂也。若往來憧憧然，用其私心以感物，則思之所及者有能感而動，所不及者不能感也。以有係之私心，既主於一隅一事，豈能廓然無所不通乎？」

——《程氏易傳·咸傳》

【译文】

《周易·咸卦》的象辞说：「君子应该虚怀若谷以接纳他人。」程颐《程氏易传》解释说：「内心没有私念主宰，那就能与所有的人沟通。如果按一己有限的心量容纳他人，就只能选择那些与自己合得来的才接纳，那就不是圣人有感必通之道了。」《咸卦》的九四爻辞说：「虚中无私就吉利，就没有了悔吝。如果心神不定地走来走去，就只有少数朋辈能顺从你的思路。」程颐解释说：「感是人的行为，所以《咸卦》全就人的身体取象。九四爻处在相当于人心的位置，爻辞上却没有咸其心这样的话，是因为感本来就是心的活动。按感应的道理说所感之处是无不通的，但如果有私心牵掣着，就会妨害感通，这就是悔吝。圣人之心感天下之人心而无不通，就像大自然中的寒暑阴晴有感必通必应。之所以无不通无不应，也是因为圣人能虚己无私。贞吉，悔亡的贞，就是虚己无私的意思。如果怀着私心走来走去心神不定，用你的私心去感他人，那么你思虑所及的人有能受感而动，你的思虑所不及的就不能感了。用受牵掣限制的私心去感，你之所感就指向了某一角落某一事物，怎么还能推广天下使一切人和物无不与你沟通呢？」

【原文】

君子之遇艱阻，必自省於身，有失而致之乎？有所未善則改之，無歉於心則加勉，乃自脩其德也。

——《程氏易傳·蹇傳》

【译文】

君子遇到艰难险阻的时候，一定要反省自身，是由于自己有过失而招致了艰难吗？如果自己有做得不好的就改正，如果无愧于心就更加自勉，这样来自我修养品德。

【原文】

非明則動無所之，非動則明無所用。

——《程氏易傳·豐傳》

【译文】

心中不明白而盲目行动就不知道该向何处走，没有行动而仅仅是心里清楚则没有什么用处。

【原文】

習，重習也。時復思繹，浹洽於中，則説也。以善及人，而信從者衆，故可樂也。雖樂於及人，不見是而無悶，乃所謂君子。

——《程氏經説·論語解》

【译文】

习，是重新复习。时时思考寻绎，心中透彻理解，就会喜悦。由于自己的善行能够影响别人，并且相信从而学习的人又多，所以值得快乐呀。虽然以能影响他人为乐，但不被他人肯定也不愤懑，就是孔子所谓的君子。

【原文】

古之學者爲己，欲得之於己也。今之學者爲人，欲見知於人也。

——朱熹《論語精義》卷七下

【译文】

古代的学者学习是为了自身修养，意思是说想要通过学习自己有所收获。今天的学者学习是为了给别人看，意思是说他学习的目的是想被人了解。

【原文】

伊川先生謂方道輔曰：聖人之道，坦如大路，學者病不得其門耳。得其門，無遠之不可到也。求入其門，不由於經乎？今之治經者亦衆矣，然而買櫝還珠之蔽，人人皆是。經所以載道也。誦其言辭，解其訓詁，而不及道，乃無用之糟粕耳。覬足下由經以求道，勉之又勉，異日見卓爾有立於前，然後不知手之舞足之蹈，不加勉而不能自止也。

——程頤《手帖》

【译文】

程颐对方元寀说：圣人的学说，平易得就像大路一样，学习的人学不好问题在于不得其门而入。如果能入门，再深远的道理也能学到。要寻求入门，不通过学习经书行吗？今天研读经书的人也够多了，但是像买椟还珠那样的糊涂，人人都有。经书是借以记载圣人之道的。如果你诵读了经书的文辞，理解了字句含义，却没有学到其中表现的大道，那你所学的，都是无用的糟粕。我希望足下通过读圣人经书来研求圣人之道，勤奋努力又勤奋努力，日后见圣人之道，卓然有立于目前，而后会高兴得手舞足蹈，不想继续努力也无法停下来了。

【原文】

明道先生曰：「修辭立其誠。」不可不子細理會。言能修省言辭，便是要立誠。若只是修飾言辭爲心，只是爲僞也。若修其言辭，正爲立己之誠意，乃是體當自家「敬以直内，義以方外」之實事。道之浩浩，何處下手？惟立誠才有可居之處，有可居之處，則可以修業也。終日乾乾，大小大事，卻只是忠信所以進德，爲實下手處。修辭立其誠，爲實修業處。

——《二程遺書》卷一

【译文】

程颢说：「『修辞立其诚。』这话不可不仔细体会。这说的是修省自己的言辞，就是要确立诚实的心志。如果心里只想修饰自己的言辞，那只是作假。如果修省自己的言辞，正是为了建立自己的诚意，是使语言贴切真实地表达自己的心意，是敬慎以使自己「敬慎以使内心正直，正义表现在外以为行为规范」方面的实事。圣人之道无穷无尽，从何处入手去学习呢？只有确立诚实的心志才有立足之处，有了立足之处，就可以修习德业了。一天到晚努力不懈，这是非常重要的事，只是以讲求忠信来提高自己的品德才是学道实实在在的入手处。修省言辞确立诚信，是实实在在的修习德业呀。

【原文】

伊川先生曰：志道懇切，固是誠意。若迫切不中理，則反爲不誠。蓋實理中自有緩急，不容如是之迫。觀天地之化乃可知。

——《二程遺書》卷二上

【译文】

程颐说：有志于学道并且态度恳切，固然是诚意。但如果心情迫切到不合理的地步，反倒成了不诚。因为理中自有个缓急，不容人如此过分急迫。你看一看天地化生万物的循序而进就可以明白了。

【原文】

孟子才高，學之無可依據。學者當學顔子，入聖人爲近，有用力處。又曰：學者要學得不錯，須是學顔子。

——《二程遺書》卷二上、卷三

【译文】

程颢说：孟子才气高，话说得粗略，要去学时究竟要怎样理解没有个依据。学习的人应该学颜回，要走向圣人学颜回为近，有个实际用力的地方（有路可循）。

又说：学道的人要想学习中不出差错，应该学颜回。

【原文】

明道先生曰：且省外事，但明乎善，惟進誠心，其文章雖不中，不遠矣。所守不約，泛濫無功。

——《二程遺書》卷二上

【译文】

程颢告诉吕大临说：你且省去外在的文章和知识学习，只要内心体认明白了什么是善，只要增进自己的志诚之心，即使文章写得不合法度，你离道也不远。如果内心守持不集中，学习就宽泛杂乱而没有功效。

【原文】

學者識得仁體，實有諸己，只要義理栽培。如求經義，皆栽培之意。

——《二程遺書》卷二上

【译文】

学道的人要懂得仁的基本意思，并且实际使自己具备仁，只要用义理培养自己。例如寻求经书之含义，都是培养的意思。

【原文】

昔受學於周茂叔，每令尋顏子、仲尼樂處，所樂何事？

——《二程遺書》卷二上

【译文】

过去我跟从周敦颐学习，常常让我寻思颜回、孔子的乐处，他们所乐的是什么呢？

【原文】

所見所期，不可不遠且大，然行之亦須量力而有漸。志大心勞，力小任重，恐終敗事。

——《二程遺書》卷二上

【译文】

学道的人的眼光和对自己的希望，不能不远大，但实行起来也须要量力而行并有个渐进的过程。如果志向太大使心力劳瘁，力量太小而任务过重，只怕最终会坏事。

【原文】

朋友講習，更莫如「相觀而善」工夫多。

——《二程遺書》卷二上

【译文】

同学们在一起讲论研习，不如「互相观察别人的长处而汲取之」更见功效。

【原文】

須是大其心，使開闊。譬如爲九層之臺，須大做脚始得。

——《二程遺書》卷二上

【译文】

为学需要把心放平使心胸开阔。这就像要建九层高的楼台，需要打一个大的根基才行。

【原文】

明道先生曰：自「舜發於畎畝之中」，至「孫叔敖舉於海」，若要熟，也須從這里過。——《二程遺書》卷三

【译文】

程颢说：《孟子》书中有从「舜发于畎亩之中」至「孙叔敖举于海」一段话，人如果要想德性成熟，也需要从这样的贫困艰难中经过。

【原文】

參也竟以魯得之。——《二程遺書》卷三

【译文】

曾参，终于以迟钝的资质而得道。

【原文】

明道先生以記誦博識爲翫物喪志。——《二程遺書》卷三

【译文】

程颢把记诵博识看做是「玩物丧志」。

【原文】

禮、樂只在進反之間，便得性情之正。——《二程遺書》卷三拾遺

【译文】

礼、乐只在退让者力进、丰盈者退敛这中间，便能培养人的性情之正。

【原文】

父子君臣，天下之定理，無所逃於天地之間。安得天分，不有私心，則行一不義，殺一不辜，有所不爲。有分毫私，便不是王者事。——《二程遺書》卷五

【译文】

父父子子，君君臣臣，这是天下的定理，人不可能逃避到天地之外去。人要安于天分，不存有私心，那么即使做一件不义的事，杀一个无辜的人就得到天下，也不去做。有一分一毫的私心，便不是王者应行的事。

【原文】

論性不論氣，不備；論氣不論性，不明。二之則不是。——《二程遺書》卷六

【译文】只论人的天性而不论气禀，知同而不知异，就不完备；只论气禀而不论天性，丢掉了人类共同的方面，就说不明白。把两者分割开来是不对的。

【原文】論學便要明理，論治便須識體。——《二程遺書》卷五

【译文】讲论学问就应该明达义理，研究治国就应该懂得为治之根本。

【原文】曾點、漆雕開已見大意，故聖人與之。——《二程遺書》卷六

【译文】曾点、漆雕开已经认识了圣人之道基本的东西，所以圣人赞扬他们。

【原文】根本須是先培壅，然後可立趨向也。趨向既正，所造淺深，則由其勉與不勉也。——《二程遺書》卷六

【译文】为学应该先培植根本，打好根基，然后可以确立方向。方向确立正确了，至于造诣深浅，就

看他努力不努力了。

【原文】敬、義夾持直上，達天德自此。——《二程遺書》卷五

【译文】内直外方夹持着，使人径直向上，以至上达天德都由此而进。

【原文】懈意一生，便是自棄自暴。——《二程遺書》卷六

【译文】懈怠的意思一产生，就是自暴自弃。

【原文】不學便老而衰。——《二程遺書》卷七

【译文】人如果不学习，到了老年就会气衰。

【原文】人之學不進，只是不勇。——《二程遺書》卷十四

【译文】人的学问没有进益，只是因为他用力不勇猛。

【原文】學者爲氣所勝、習所奪，只可責志。

——《二程遺書》卷十五

【译文】学道的人其志学之心被他固有的气质战胜，或者被固有的习俗所缠绕，这只能责怪他立志不坚。

【原文】內重則可以勝外之輕，得深則可以見誘之小。

——《二程遺書》卷六

【译文】内心义理修养得深重了就可以战胜外物，外物相对就显得轻了，义理造诣深了外物的诱惑力就显得小了。

【原文】董仲舒謂：「正其義不謀其利，明其道不計其功。」孫思邈曰：「膽欲大而心欲小，智欲圓而行欲方。」可以爲法矣。

——《二程遺書》卷九

【译文】董仲舒说：「搞正确义与不义而不去图谋私利，修明圣人之道而不计较功效。」孙思邈说：「胆要大而心要小，心智应该圆融而行为应该端方。」这可以作为我们为人的法式。

【原文】大抵學不言而自得者，乃自得也。有安排布置者，皆非自得也。

——《二程遺書》卷十一

【译文】大抵学习不说自得而品行自行提高的，是确有自得。凡有一番安排布置要如何做的，都不是自得。

【原文】視聽、思慮、動作，皆天也，人但於其中，要識得真與妄爾。

——《二程遺書》卷十一

【译文】一切视听、思虑、动作，都是从天性中发出的，人只要是在这中间，辨别得是天理的真实表现还是虚妄表现罢了。

【原文】

明道先生曰：學只要鞭辟近裏，著己而已。故「切問而近思，則仁在其中矣」。「言忠信，行篤敬，雖蠻貊之邦，行矣。言不忠信，行不篤敬，雖州里行乎哉？立則見其參於前也，在輿則見其倚於衡也，夫然後行。」只此是學。質美者明得盡，渣滓便渾化，卻與天地同體。其次惟莊敬持養。及其至，則一也。

——《二程遺書》卷十一

【译文】

程颢说：学道只是要鞭策着自己加强内心修养，着力于自身而已。所以说「恳切地发问，就当前的问题思考，那么仁德就在其中了」。又说：「言语忠诚老实，行为忠厚严肃，即使到了边鄙异族之地，也能行得通。言语欺诈无信，行为刻薄轻浮，即使在家乡故里，行得通吗？当你站立的时候，就好像看见忠诚、老实、忠厚、严肃这些字在面前，乘上车时又好像这些字刻在车前的横木上，时刻不忘，然后才能行得通。」只如此才是学。那些质性好的人忠信笃敬做得彻底，胸中私欲都化尽了，廓然大公，就与天地一体。质性差些的人只有郑重严肃地守持修养，慢慢磨尽私欲。等到达到私欲灭尽的境地，就和质性好的人一样了。

【原文】

「忠信所以進德，脩辭立其誠，所以居業」者，乾道也；「敬以直內，義以方外」者，坤道也。

——《二程遺書》卷十一

【译文】

「内心忠信是进修德行的方法，修省言辞以确立诚实的心志，以建立德业的根基」，这是象征天具有健的性格的乾的法则；「以敬慎的态度使内心正直，以正义的准则作为外在的行为规范」，这是象征地具有静的性格的坤的法则。

【原文】

凡人才學便須知著力處，既學便須知得力處。

——《二程遺書》卷十二

【译文】

人们刚开始学习时就应该知道从哪里用力，已经学过了就应该知道自己的收益得力于何处。

【原文】

有人治園圃，役知力甚勞。先生曰：《蠱》之象：「君子以振民育德。」君子之事，惟有此二者，餘無他焉。二者，爲己爲人之道也。

——《二程遺書》卷十四

【译文】

有个人从事园圃种植，役使自己的心智和体力，很是劳累。程颢说：「《周易·蛊卦》的象

辞说：「君子振奋人民，培养自己的道德。」君子的事业，只有这两方面，其余的没有什么可做。这两方面，就是为己（指培养自己的德行）和为人（指振奋人民）的方式。

【原文】

「博學而篤志，切問而近思」，何以言「仁在其中矣」？學者要思得之。了此，便是徹上徹下之道。

——《二程遺書》卷二十二

【译文】

「广博地学习，坚守自己的志向，恳切地发问，就当前的问题思考」，为什么说「仁就包含在其中了」？学习的人要思考弄清它。明白了这其中的意思，就是学问上下贯通之道。

【原文】

弘而不毅，則難立；毅而不弘，則無以居之。

——《二程遺書》卷十四

【译文】

宽宏而缺乏毅力，学业上难以站起；坚毅而不宽宏，那就不能守持。

【原文】

伊川先生曰：古之學者，優柔饜飫，有先後次序。今之學者，卻只做一場話說，務高而已。常愛杜元凱語：「若江海之浸，膏澤之潤，涣然冰釋，怡然理順，然後爲得也。」今之學者，往往以游、夏爲小，不足學。然游、夏一言一事，卻總是實。後之學者好高，如人遊心於千里之外，然自身卻只在此。

——《二程遺書》卷十五

【译文】

程颐说：古代的学者，从从容容地学习，深入地体会经传，学习有个先后顺序。今天的学者，却把学道只当做一场话说，看得轻而易举而不去下深工夫。我常常喜欢杜预说的话：「为学就像江河水的浸透，就像春雨的润泽，如冰在水中涣然消融，弄通了道理心中怡然而乐，然后才算学有收获。」今天的学者，往往认为子游、子夏的学问太小，不值得学。但子游、子夏的一言一事，却都是实在的。后代的学者好高骛远，就像一个人，他的心在千里之外游荡，但人却只在这里没动。

【原文】

修養之所以引年，國祚之所以祈天永命，常人之至於聖賢，皆工夫到這裏，則有此應。

——《二程遺書》卷十五

【译文】

修身养性之所以能延年益寿，国运之所以能通过祈求天祐而长久保持，普通人之修习而成为圣贤，都是工夫下到了这一地步，就会有这样的回报。

【原文】

忠恕所以公平。造德則自忠恕，其致則公平。——《二程遺書》卷十五

【译文】

忠恕是达到公平的途径。进修品德从忠恕开始，忠恕达到了极致就公平了。

【原文】

仁之道，要之只消一公字。公只是仁之理，不可將公便喚做仁。公而以人體之，故爲仁。只爲公則物我兼照，故仁，所以能恕，所以能愛。恕則仁之施，愛則仁之用也。——《二程遺書》卷十五

【译文】

实现仁的方法，关键只需要一个「公」字。不过公只是仁何以能表现出来的道理，不能把公就称作仁。公心从人身上体现出来，就是仁。只因为能公就做到了自我与外物兼顾，所以就仁，所以能恕，所以能爱。恕则是仁的推行，爱则是仁的功用。

【原文】

今之爲學者，如登山麓。方其迤邐，莫不闊步。及到峻處便止。須是要剛決果敢以進。——《二程遺書》卷十七

【译文】

今日为学的人，就像登山一样。当山路曲折绵延时，都能阔步前进。等到了险峻的地方就停下来了。应该是刚决果敢地前进。

【原文】

人謂要力行，亦只是淺近語。人既能知見一切事皆所當爲，不必待着意。才著意，便是有箇私心。這一點意氣，能得幾時子？——《二程遺書》卷十七

【译文】

人说学道应该力行，这也是见识短浅的话。人既然能认识到一切事都是应该做的，不必等留意安排。才一留意，就是有个私心。凭这一点意气去做，能够支撑得几时呢？

【原文】

知之必好之，好之必求之，求之必得之。古人此個學是終身事。果能顛沛造次必於是，豈有不得道理？——《二程遺書》卷十七

【译文】

了解了一个道理和学问就一定爱好它，爱好它就一定追求它，追求它就一定得到它。古人这个学习过程是终身的事。假如真的能做到困顿挫折之中不忘你追求的道，仓促匆忙之间不忘

你追求的道，哪里有学不到的道理呢？

【原文】

古之學者一，今之學者三，異端不與焉。一曰文章之學，二曰訓詁之學，三曰儒者之學。欲趨道，舍儒者之學不可。

——《二程遺書》卷十八

【译文】

古代的学问只有一种，今天的学问却分而为三，异端之学还不算在内。这三种学问，第一种叫做文章之学，第二种叫训诂之学，第三种叫做儒者之学。想要学到圣人之道，舍弃儒者之学是不行的。

【原文】

問：「作文害道否？」曰：「害也。凡爲文不專意則不工。若專意，則志局於此，又安能與天地同其大也？《書》曰：『翫物喪志。』爲文亦玩物也。呂與叔有詩云：『學如元凱方成癖，文似相如始類俳。獨立孔門無一事，只輸顔氏得心齋。』古之學者，惟務養情性，其他則不學。今爲文者，專務章句悦人耳目。既務悦人，非俳優而何？」曰：「古者學爲文否？」曰：「人見六經，便以謂聖人亦作文，不知聖人亦攄發胸中所藴自成文耳。所謂『有德者必有言』也。」曰：「游、夏稱文學，何也？」曰：「游、夏亦何嘗秉筆學爲詞章也？且如『觀乎天文以察時變，觀乎人文以化成天下』，此豈詞章之文也？」

——《二程遺書》卷十八

【译文】

有人问：「作文危害学道吗？」程颐回答：「危害。大凡作文，不专心则写不好。如果专心了，那么心志局限在做文章上，又怎么能够心胸与天地一样地大呢？《尚书》上说：『玩物丧志。』作文也是玩物啊。吕大临有一首诗说：『学如元凯方成癖，文似相如始类俳。独立孔门无一事，只输颜氏得心斋。』古代的学者只专意于涵养性情，其他则不学。今天写文章的人，专意追求辞章语言的悦人耳目。既然务求取悦于人，不是俳优又是什么呢？」问的人又说：「古代的人学作文吗？」程颐回答说：「人们看见了六经，就认为圣人也作文，不知道圣人只是抒发胸中蕴蓄，自然成文罢了。这就是孔子说的『有德行的人一定有美好的言词』。」问的人又说：「子游、子夏以文学见称，是怎么说呢？」程颐回答：「子游、子夏什么时候曾经拿着笔学写文章呢？就比如《周易》说的：『观察天文以弄清四时变化，观察人文以教化天下』，这里说的文难道就是文章的文吗？」

【原文】

涵養須用敬，進學則在致知。

——《二程遺書》卷十八

【译文】

涵养性情应该敬慎，进修学业则在于获得知识。

【原文】

莫説道將第一等讓與别人，且做第二等。才如此説，便是自棄。雖與不能居仁由義者差等不同，其自小一也。言學便以道爲志，言人便以聖爲志。

——《二程遺書》卷十八

【译文】

不要说将第一等的志向让与别人，自己先去做第二等的追求。刚刚这么一说，你就是拒而不为而自弃于善。虽然和那些不能安居于仁行事由义的人程度不同，但自卑却是同样的。说到为学就应该以圣人之道作为志向，说到做人就应该以成为圣人为志向。

【原文】

問：「『必有事焉』，當用敬否？」曰：「敬是涵養一事。『必有事焉』，須用集義。只知用敬，不知集義，卻是都無事也。」又問：「義莫是中理否？」曰：「中理在事，義在心。」

——《二程遺書》卷十八

【译文】

有人问：「『一定要从事于养气的话』，应该用敬去培养吗？」程颐回答说：「敬是涵养性情方面的事，『一定要从事于养气』，应该用积累义。只知道用敬，不知道积累义，那是什么事也没有做。」又问：「义的意思莫不是符合理吗？」程颐回答说：「符合理体现在处事上，义却存在于人的心里。」

【原文】

問：「敬、義何别？」曰：「敬只是持己之道，義便知有是有非。順理而行，是爲義也。若只守一個敬，不知集義，卻是都無事也。且如欲爲孝，不成只守著一個『孝』字？須是知所以爲孝之道，所以侍奉當如何，温凊當如何，然後能盡孝道也。」

——《二程遺書》卷十八

【译文】

有人问：「敬和义有什么区别？」程颐回答说：「敬只是守持自身的方法，义就明白了有是有非。顺着理去做这就是义啊。若只守着一个敬字，不懂得集义，那是什么事也没有做呀。比如想尽孝，不可能只守着一个『孝』字。应该是懂得尽孝的方法，比如说侍奉在父母身边应该怎么做，应该如何使父母冬天温暖夏季凉爽，然后才能尽孝道啊。」

【原文】

學者須是務實，不要近名方是。有意近名，則是僞也。大本已失，更

學何事？爲名與爲利，清濁雖不同，然其利心則一也。
——《二程遺書》卷十八

【译文】

学道的人应该是追求实际的学问和修养，不要追求名声才对。有意求名，就是作伪。那么为学的根本（即诚）已经丢掉，还学什么呢？为求名和为求利，尽管有清高和浊俗的不同，但其利己之心却是一样的。

【原文】

「回也其心三月不違仁」，只是無纖毫私意。有少私意，便是不仁。
——《二程遺書》卷二十二上

【译文】

「颜回他的心长久地不离开仁」，只是因为他心中没有一纤一毫的私意。有一点点私意，就是不仁。

【原文】

「仁者先難而後獲。」有爲而作，皆先獲也。古人惟知爲仁而已，今人皆先獲也。
——《二程遺書》卷二十二上

【译文】

「仁者先付出劳动而后收获。」事先设定了目的目标去做事，都是先考虑收获。古人只知道去为仁而已，今人都是先考虑收获。

【原文】

有求爲聖人之志，然後可與共學；學而善思，然後可與適道；思而有所得，則可與立；立而化之，則可與權。
——《二程遺書》卷二十五

【译文】

一个人有了追求成为圣人的志向，这就可以和他共同学习了；学习中善于思考，这就可以和他一起学而有成、学得圣人之道了；思考又能有收获，这就可以和他一起事事依礼而行了；能立于礼又能融会贯通，就可以同他一起通权达变而使行为合义了。

【原文】

古之學者爲己，其終至於成物；今之學者爲物，其終至於喪己。
——《二程遺書》卷二十五

【译文】

古人学道为了自身修养，结果最终成就了外物；今人学道是为了给人看，结果将自身之本善也丧失了。

【原文】

君子之學必日新。日新者，日進也。不日新者必日退。未有不進而不退者，惟聖人之道無所進退，以其所造者極也。

——《二程遺書》卷二十五

【译文】

君子的学道一定要日新，日新的意思就是日日进步。不日日进步的必然日日后退。没有既不进也不退的，惟有圣人的学问没有进退，那是因为他的造诣已经达到了极致。

【原文】

明道先生曰：性靜者可以爲學。

——《二程外書》卷一

【译文】

程颢说：性情虚静的人可以学圣人之道。

【原文】

弘而不毅，則無規矩；毅而不弘，則隘陋。

——《二程外書》卷二

【译文】

只广博地学习而不奋然力进，学问上就没有个规矩；只奋然直前而不宽广地博学，学问就会狭隘浅陋。

【原文】

知性善，以忠信爲本，此「先立其大者」。

——《二程外書》卷二

【译文】

懂得性善，以忠信为修德进学的根本，这就是孟子所谓「先立其大者」的意思。

【原文】

伊川先生曰：人安重則學堅固。

——《二程外書》卷六

【译文】

程颐说：为人安稳厚重，为学所得就保持得坚固。

【原文】

「博學之，審問之，慎思之，明辨之，篤行之。」五者廢其一，非學也。

——《二程外書》卷六

【译文】

「广泛地学习，仔细地询问，慎重地思考，明白地辨别，实实在在地实行。」这五个方面丢掉一个，就不叫学习。

【原文】

張思叔請問，其論或太高，伊川不答。良久，曰：「累高必自下。」

——《二程外書》卷十一

【译文】

张绎向程颐请教，有时他的发问议论太高，程颐不回答。停好大一会儿，才说：「要堆积很高一定得从下层开始。」

【原文】

明道先生曰：「人之爲學，忌先立標準。若循循不已，自有所至矣。」

——《二程外書》卷十二

【译文】

程颢说：「人的为学，忌讳的是先设定目标、目的。如果只管循循而进，永不止息，自然会达到一定地步的。」

【原文】

尹彦明見伊川後，半年方得《大學》、《西銘》看。

——《二程外書》卷十二

【译文】

尹焞见程颐入门下学习，半年后才得到《大学》、《西铭》这些书看。

【原文】

有人説無心。伊川曰：「無心便不是，只當云無私心。」

——《二程外書》卷十二

【译文】

有人谈论人应无心。程颐说：「无心就不对了，只应该说无私心。」

【原文】

謝顯道見伊川，伊川曰：「近日事如何？」對曰：「天下何思何慮？」伊川曰：「是則是有此理，賢卻發得太早。」在伊川直是會鍛煉得人，説了，又道：「恰好著工夫也。」

——《二程外書》卷十二

【译文】

谢良佐见程颐，程颐问：「近来的事情怎么样啊？」谢良佐回答说：「天下事有什么思虑？」程颐说：「是也倒是有这个理，你却领悟得太早了。」在程颐这是很会锤炼人的，说了前边的话，又道：「你现在正好在普通知识的学习上下些工夫。」

【原文】

顯道云：「昔伯淳教誨，只管著他言語。伯淳曰：『與賢説話，卻似扶醉漢，救得一邊，倒了一邊。』只怕人執著一邊。」——《二程外書》卷十二

【譯文】

谢良佐说：「过去听程颢先生的教诲，我只管领受他的话。程颢说：『和你说话，倒像扶醉汉，从这边扶起，又倒到那边了。』人就怕执著于一边。」

【原文】

横渠先生曰：「精義入神」，事豫吾内，求利吾外也；「利用安身」，素利吾外，致養吾内也；「窮神知化」，乃養盛自至，非思勉之能強。故崇德而外，君子未或致知也。

——張載《正蒙·神化》

【譯文】

張載说：「精熟义理，达到神妙的境界，做到见微知著」，事情未出现时胸中早已熟知这事的道理，如此运用事理处理事务就有利；「有利于外在行事的应用了，自己的内心就安」，这是说一向有利于我外在的行事了，又反过来涵养了我的内心；至于说到「穷尽宇宙的奥秘，了解万物变化的法则」，那是内外涵养达到了德行极盛时自然会到来，那是圣人的德行，不是努力就可以勉强达到的。所以除了提高自己的德行外，君子不去获取别的知识。

【原文】

形而後有氣質之性，善反之，則天地之性存焉。故氣質之性，君子有弗性者焉。

——張載《正蒙·誠明》

【譯文】

人的形体形成后，就有了气质之性。如果善于恢复先天的本性，那么天地之性就保存在那里。所以气质之性，君子是不把它当做自己的本性的。

【原文】

德不勝氣，性命於氣；德勝其氣，性命於德。窮理盡性，則性天德，命天理。氣之不可變者，獨死生修夭而已。

——張載《正蒙·誠明》

【譯文】

德行不能战胜气质，性命都受气质左右；德行战胜了气质，性命都顺从其德性。人能穷尽事理充分发挥本性，那么他禀受的就是天德，上天赋予他的是天理。人所禀之气不能改变的，只有死生寿夭而已。

【原文】

莫非天也。陽明勝則德性用，陰濁勝則物欲行。「領惡而全好」者，其必由學乎？

——張載《正蒙·誠明》

【譯文】

人的善恶无不出于上天。阳明之气胜那么德性就表现出来，阴浊之气胜那么就私欲肆行。「治理恶劣习性、保全良好品行」，大概一定得通过学习吧。

【原文】

大其心，則能體天下之物；物有未體，則心爲有外。世人之心，止於見聞之狹；聖人盡性，不以見聞梏其心。其視天下，無一物非我。孟子謂「盡心則知性知天」，以此。天大無外，故有外之心，不足以合天心。

——張載《正蒙·大心》

【译文】

推广你的心，就能够体认天下万物之理；有一物之理未能体认，则你的心与物有隔，未能包容天地。世俗人的心，被他的见闻局限了；圣人则能充分发扬自己的本性，从其天德良知体察万物，不被耳目的见闻束缚其心。他们看待天下，没有一种事物不与我同体。孟子说的「尽心就能知性就能知天」，原因就在此。天广大到了再也没有外的地步，所以有外物之心，算不得合于天心。

【原文】

仲尼絶四。自始學至成德，竭兩端之教也。意，有思也；必，有待也；固，不化也；我，有方也。四者有一焉，則與天地爲不相似矣。

——張載《正蒙·中正》

【译文】

孔子禁止学生犯四种毛病。从始学一直到德行形成，始终都教导学生如此。他说的意，是未学而先思，是先获私心；必，指绝对肯定就有对立；固，指拘泥固执就不能融会贯通；我，是限于一处而有局限。这四种毛病有一种，就做不到大其心而与天地相似的地步了。

【原文】

上達反天理，下達徇人欲者歟？

——張載《正蒙·誠明》

【译文】

上达是恢复天理，下达就是曲从人欲吧？

【原文】

知崇，天也，形而上也。通晝夜而知，其知崇矣。知及之，而不以禮性之，非己有也。故知禮成性而道義出，如天地位而易行。

——張載《正蒙·至當》

【译文】

《周易》上说圣人崇高的知识，人的认识能力高明如天，就如崇高的天统观万物。是对超乎形器之上的道的认识。通晓幽明、死生、鬼神、昼夜的变化，懂得其中的奥秘，认知太崇高了。一个人如果达到了如此高的认知，但却不能用谦卑的礼来守持使之固定下来成为自己的本性，那

这认知还不是他所有的。所以懂得了礼并用以守持形成本性，那么大家共同遵守的道义也就从中产生，这就像《周易》上说的天地的位置设定了，易理就可以在天地间实行了。

【原文】

困之進人也，爲德辨，爲感速。孟子謂「人有德慧術知者，常存乎疢疾」，以此。

——張載《正蒙·三十》

【译文】

困境之所以能促使人进取，是因为困境的考验可以辨别人的德行修养，又由于人在困境中遇感而发迅速。孟子因此说「人之所以有道德、智慧、本领、知识，常常是由于他经历过灾患」，原因就在此。

【原文】

言有教，動有法；晝有爲，宵有得；息有養，瞬有存。

——張載《正蒙·有德》

【译文】

说话要遵循师长的教诲，行动要遵守一定的法度；白天应该有所作为，晚间应该有所收获；一息一瞬之间，都要存养性情。

【原文】

橫渠先生作《訂頑》曰：乾稱父，坤稱母。予茲藐焉，乃混然中處。故天地之塞，吾其體；天地之帥，吾其性。民，吾同胞；物，吾與也。大君者，吾父母宗子；其大臣，宗子之家相也。尊高年，所以長其長；慈孤弱，所以幼其幼。聖，其合德；賢，其秀也。凡天下疲癃殘疾、惸獨鰥寡，皆吾兄弟之顛連而無告者也。於時保之，子之翼也；樂且不憂，純乎孝者也。違曰悖德，害仁曰賊，濟惡者不才。其踐形，惟肖者也。知化，則善述其事；窮神，則善繼其志。不愧屋漏爲無忝，存心養性爲匪懈。惡旨酒，崇伯子之顧養；育英才，潁封人之錫類。不弛勞而底豫，舜其功也；無所逃而待烹，申生其恭也。體其受而歸全者，參乎；勇於從而順令者，伯奇也。富貴福澤，將厚吾之生也；貧賤憂戚，庸玉女於成也。存，吾順事；沒，吾寧也。

——張載《西銘》

【译文】

张载作《订顽》一篇说：象征天的乾称作父亲，象征地的坤称作母亲。我们这些藐小的人，与天地一体而居于天地之中。所以充塞于天地之间的气，形成了我们的身体；统帅天地之气的志，形成了我们的本性。人民，都是我们的同胞；万物，都是我们的朋友。国君，是我们这

个天地父母的嫡长子；国君的大臣，是嫡长子家的总管。尊重老年人，那是敬重我们的兄长；怜爱孤弱者，那是关怀我们的幼童。圣人，是符合了天地德行的人；贤者，是禀赋了天地秀气的人。凡是天下衰老多病、鳏寡孤独的人，都是我们兄弟中困苦不堪又求告无门的。畏惧天以自保的，是亲敬天地这个父母的人；乐于天命而不忧的，是上天纯孝的儿子。不从父母之命的称作违背道德，危害仁德的叫做贼人，助人为恶的是不才之子。那些实践仁义于形色的，是天地的好儿子。通晓天地变化的人就善于成就上天的事业，穷究天地奥妙的人善于继承上天的意志。在人所不见的地方不做亏心事，是不辱没父母的孝子，能够存心养性，是勤于事天。讨厌美酒，大禹善于保养本性；培育英才，就好像颍考叔把孝行带给了他的同类。不懈怠地勤苦事亲而使其冥顽的父亲快乐，这是虞舜的功绩；逃不出孝道无处不在的天地之间只好等待父亲赐死，这是申生的恭顺。从父母那里得来的身体还要完完整整地归还给父母的，大概是曾参吧；勇于顺从父亲错误的命令的，是孝子伯奇。承受先人的恩泽而富贵，要使我们的生活丰厚；生活于贫贱忧愁之中，那是上天看重了你要使你得到成功。我活着，就顺应天地父母去侍奉他；我死了，也因为无愧于天地父母而心安理得。

【原文】

横渠先生又作《砭愚》曰：戲言出於思也，戲動作於謀也。發於聲，見乎四支，謂非己心，不明也。欲人無己疑，不能也。過言非心也，過動非誠也。失於聲，繆迷其四體。謂己當然，自誣也；欲他人己從，誣人也。或者謂出於心者，歸咎爲己戲；失於思者，自誣爲己誠。不知戒其出汝者，歸咎其不出汝者。長傲且遂非，不知孰爲甚焉？——張載《東銘》

【译文】

又作《砭愚》说：戏谑的话出于内心的思考，戏谑的动作产生于心中的谋划。从你的声音发出来，由你的手脚做出来。要说不是出于你的本心，说不清楚；想要人家不怀疑你是成心如此，不能够。失误的话不是出于内心，失误的动作不是你的本意。由于失声而说出了，由于错误地迷了手脚而做出来了。说这是自己本来真要如此的，是欺诬自己；想要别人信从自己，是欺诬他人。有时候把出于自心的错误，归咎为自己在开玩笑；有时反而把缺乏考虑的失误，又自诬为出于自己的本心。不知道要戒慎那些出于你本心的言行，错了就归咎为不是出于你本心的开玩笑。助长人的傲气，促成人的过错，不知道有什么比戏谑更严重的了。

【原文】

將修己，必先厚重以自持。厚重知學，德乃進而不固矣。忠信進德，惟尚友而急賢。欲勝己者親，無如改過之不吝。——張載《正蒙·乾稱》

【译文】

人要修养自己的品德，一定要先厚重自持。性格厚重又知道学习，德行就会提高而不固陋

了。内积忠信以进修德业，途径只有推重朋友，迫切地与贤人交游。要想与那些德行胜过自己的人成为朋友，最重要的是毫不吝惜地改掉自己身上的错误。

【原文】

横渠先生謂范巽之曰：「吾輩不及古人，病源何在？」巽之請問，先生曰：「此非難悟。」設此語者，蓋欲學者存意之不忘，庶遊心浸熟，有一日脱然如大寐之得醒耳。

——張載《横渠文集》

【译文】

张载对范育说：「我们这些人赶不上古人，病根在哪里？」范育请张载说明，张载说：「这不难理解。」我提出这个问题，是想让今天学道的人时时记住不要忘掉，或许多游心于圣学渐至纯熟，有一天脱然悟彻圣人之道，就像大梦得醒一样。

【原文】

未知立心，惡思多之致疑；既知所立，惡講治之不精。講治之思，莫非術內，雖勤而何厭？所以急於可欲者，求立吾心於不疑之地，然後若決江河以利吾往。「遜此志，務時敏，厥修乃來。」故雖仲尼之才之美，然且敏以求之。今持不逮之資，而欲徐徐以聽其自適，非所聞也。

——張載《横渠文集》

【译文】

学者还未确立为学的根本和趋向时，要反对的是胡乱思量弄得满脑子疑惑；在已经确立了根本和趋向后，要反对的是研治得不精细不深入。研治时的思考与前边说的胡思乱想不同，这时的思考都在圣贤学说道理之内，即使勤于思考又有什么满足呢？所以急于追求道术的人，先要求得确立内心为学之根本以稳立于不致疑惑的地步，然后就像江河决口一样使我顺利前进。「平定你的心志，务要时时勤敏，你要修得的道就会到来。」所以即使像孔子那样高的才智，仍要敏以求之。今天凭着我们赶不上孔子的资质，却想慢慢去学以任凭它自己走向成德，如此治学我是没有听说过的。

【原文】

明善爲本，固執之乃立，擴充之則大，易視之則小。在人能弘之而已。

——張載《横渠文集·性理拾遺》

【译文】

明白什么是善，这是修身进学的根本，然后坚定地守持不失才能使善性树立，加以扩充你的善就大，忽视而不在意则会变小。善也在于人去弘扬。

【原文】

今且只將「尊德性而道問學」爲心，日自求於問學者有所背否？於德

性有所懈否？此義亦是博文約禮，下學上達。以此警策一年，安得不長？每日須求多少爲益：知所亡，改得少不善，此德性上之益；讀書求義理，編書須理會有所歸著，勿徒寫過，又多識前言往行，此問學上益也。勿使有俄頃閒度，逐日似此，三年，庶幾有進。

——張載《横渠文集》

【译文】

现在且只把提高德性、追求学问作为你的抱负，每天自己检查一下你自己在学习方面有放弃的时候吗？在修养德性上有所懈怠吗？这意思也就是孔子的博文约礼，下学上达。用这样的方式鞭策自己一年，怎么会不长进呢？每天要求得有些收获：懂得了你原来不懂的东西，改掉了一些缺点，这是德性上的收获；读书以探求书中义理，编书须要懂得有编书的目的，不要徒劳无益地写过去，再就是多记取些前代圣贤的美言善行，这是学问上的收获。不要让片刻的时光白白度过。天天如此，三年差不多会有进步。

【原文】

爲天地立心，爲生民立道，爲去聖繼絶學，爲萬世開太平。

——張載《横渠語録》卷中

【译文】

为学要志于成为圣人，为天地确立起生生之心，为百姓指明一条共同遵行的大道，继承孔孟等以往的圣人不传的学问，为天下后世开辟永久太平的基业。

【原文】

載所以使學者先學禮者，只爲學禮，則便除去了世俗一副當習熟纏繞。譬之延蔓之物，解纏繞即上去。苟能除去了一副當世習，便自然脱灑也。又學禮，則可以守得定。

——張載《横渠文集》卷十二語録

【译文】

我之所以让学生们先学礼，只是因为学了礼，就能除去了世俗一套习惯的缠绕。这习俗就像拖着藤蔓的东西，解开了缠绕就能生长上去了。如果除去了一套当世习俗，人就自然会洒脱一些。再就是学了礼，人的行为就有个依据，这样善行就能保持住。

【原文】

須放心寬快公平以求之，乃可見道，况德性自廣大。《易》曰：「窮神知化，德之盛也。」豈淺心可得？

——張載《横渠易説·繫辭下》

【译文】

需要把心境放得宽和公平，这样去探求道，才能认识圣人之道，况且如此一来，你的德性自然就会广大。《周易》上说：「穷究天地的微妙，通晓万物的变化，是圣人盛大的德行啊！」难道这是狭隘的心胸能够得到的吗？

【原文】

人多以老成則不肯下問，故終身不知。又爲人以道義先覺處之，不可復謂有所不知，故亦不肯下問。從不肯問，遂生百端欺妄人，我寧終身不知。

——張載《論語説》

【译文】

人大多因为自己已到老成就不肯向晚辈后学请教询问，所以有些东西一辈子也没有懂得。再就是这些人自认为是明白道义在先的人，不能再说自己有什么不懂，所以也不肯去问晚辈后学。就从这个不肯问，带来了数不清的欺骗他人，自己宁可一辈子不懂。

【原文】

多聞不足以盡天下之故。苟以多聞而待天下之變，則道足以酬其所嘗知，若劫之不測，則遂窮矣。

——張載《孟子説》

【译文】

知识再丰富也不能够穷尽天下的事变。如果一个人要凭他的知识丰富来应付天下之变，那么他可以应付那些他所懂得的事。如果逼迫他到了变化莫测的境地，他就无能为力了。

【原文】

爲學大益，在自求變化氣質。不爾，皆爲人之弊，卒無所發明，不得見聖人之奥。

——張載《横渠語録》卷中

【译文】

为学的最大收益，在自求变化气质。不如此，都是为人的弊病，学到底也不能有所醒悟，认识不到圣人之道的深奥处。

【原文】

文要密察，心要洪放。

——張載《横渠語録》

【译文】

外在的表现要细密详察，内心则要豪放旷达。

【原文】

不知疑者，只是不便實作。既實作，則須有疑。有不行處，是疑也。

——張載《經學理窟·氣質》

【译文】

人的学习不知道有疑问，只因为他没有把所学的东西去下一番实行的工夫。下了实行的工夫就会有疑问了。一定有实行不了的地方，就是疑问。

【原文】

心大則百物皆通，心小則百物皆病。

——張載《經學理窟·氣質》

【译文】
心胸宽广，一切事理无不通达，心胸狭隘，事事隔碍不通。

【原文】
人雖有功，不及於學，心亦不宜忘。心苟不忘，則雖接人事，卽是實行，莫非道也。心若忘之，則終身由之，只是俗事。

——張載《經學理窟·義理》

【译文】
人即使有事功之劳，来不及学习，心中也不应该忘掉为学。只要心里不忘，即使接人处事，也就是学道的实践，无非都是学道。心里如果忘了为学，那么即使终身依道而行，也只能是俗事。

【原文】
合内外，平物我，此見道之大端。

——張載《經學理窟·義理》

【译文】
消除了内心与外物的界限，公平地对待外物与自我，这就认识到了道的大的方面。

【原文】
既學而先有以功業爲意者，於學便相害。既有意，必穿鑿刱意作起事端也。德未成而先以功業爲事，是代大匠斲，希不傷手也。

——張載《經學理窟·學大原上》

【译文】
刚开始学道就先追求功业，对学习是有害的。既然心里想着建立功业，学习中肯定会穿凿创意强出新见兴起纷争。德性未成却先去追求功业，那是替大匠运斧砍削，少有不伤手的。

【原文】
竊嘗病孔、孟既没，諸儒囂然，不知反約窮源，勇於苟作。持不逮之資，而急知後世。明者一覽，如見肺肝然，多見其不知量也。方且刱艾其弊，默養吾誠。顧所患日力不足，而未果他爲也。

——張載《横渠文集佚存·與趙大觀書》

【译文】
我心下不满意孔、孟去世之后，儒者们乱吵吵的样子，他们不知道回归圣学的精要，探究儒道的源本。反而敢于随意著述，凭着他们远不及圣人的资质，却急切地要求知于后世。明眼人一看，就如照见他们的肺肝一般，恰恰暴露了他们不知自量。我正要借鉴而戒除他们的弊病，默默地涵养我的诚实与真诚。只是担心时间和力量不足，别的事也还没有做成。

【原文】

學未至而好語變者，必知終有患。蓋變不可輕議。若驟然語變，則知操術已不正。

——張載《經學理窟·義理》

【译文】

学道未达到极致却好谈论权变的人，可以肯定他终究会有祸患。因为权变不可轻易谈论。如果一个人骤然谈论权变，就能说明他的学术是不正的。

【原文】

凡事蔽蓋不見底，只是不求益。有人不肯言其道義所得所至，不得見底，又非「於吾言無所不説」。

——張載《經學理窟·義理》

【译文】

遇事都遮盖着不让人看出自己深浅的人，只不过是不求长进。有人不肯说自己对圣人道义学得了什么，达到了什么地步，叫人看不清他的深浅，可是又不像颜回那样好学，并不像孔子说颜回那样「对我的话没有不喜欢的」。

【原文】

耳目役於外，攬外事者，其實是自惰，不肯自治，只言短長，不能反躬者也。

——張載《經學理窟·義理》

【译文】

人的耳目为外物所役使，兜揽外事，其实是自弃，不肯修养自身，只说短道长，是不能修心自正的人啊。

【原文】

學者大不宜志小氣輕。志小則易足，易足則無由進。氣輕則以未知爲已知，未學爲已學。

——張載《經學理窟·學大原下》

【译文】

学道的人极不宜志向短小气性轻浮。志向短小就容易满足，容易满足就无法上进；气性轻浮就会把不懂的当做懂的，把没学过的当成学过的。

卷三　格物窮理

【原文】

伊川先生《答朱長文書》曰：心通乎道，然後能辨是非，如持權衡以較輕重，孟子所謂「知言」是也。心不通乎道，而較古人之是非，猶不持權衡而酌輕重，竭其目力，勞其心智，雖使時中，亦古人所謂「億則屢中」，君子不貴也。

——《二程文集》卷九《答朱長文書》

【译文】

程颐《答朱长文书》中说：心与圣人之道相通，然后就能辨别古人言辞的是非了，就像拿着秤去称物体的轻重一样，这就是孟子所说的「知言」。如果心不与圣道相通，而去评价古人的是非，就像不拿秤而去估计物体的轻重，用尽你的眼力，辛苦你的心智，即使不时都估计对了，也不过是古人说的「每每猜测每每猜中」，君子是不看重的。

【原文】

伊川先生《答門人》曰：孔孟之門，豈皆賢哲？固多衆人。以衆人觀聖賢，弗識者多矣。惟其不敢信己而信其師，是故求而後得。今諸君於頤言，纔不合，則置不復思，所以終異也。不可便放下，更且思之，致知之方也。

——《二程文集》卷九《答門人書》

【译文】

程颐《答门人书》中说：孔子孟子的门徒，哪能都是贤哲？自然大多是普通人。以常人去看圣贤，不能认识理解的地方多了。只因他们不敢相信自己而相信他们的老师，所以能通过探索而后得圣人之意。现在诸位对我程颐的话，才和自己的看法不合，就丢下不再思考，所以最终还是不同。不能就那样放下，且再去思考，这是获取知识的方法。

【原文】

伊川先生答横渠先生曰：所論大概，有苦心極力之象，而無寬裕温厚之氣。非明睿所照，而考索至此，故意屢偏而言多窒，小出入時有之。更願完養思慮，涵泳義理，他日自當條暢。

——《二程文集》卷九《答横渠先生書》

【译文】

程颐回复张载的信中说：来信所论，就大概而言，有苦心极力追求学问的气象，却缺乏宽裕温厚的涵养气度。不是聪明睿智的明察，而是考究摸索到了这个地步，所以就语意说多有偏失，就言辞说也多有窒碍不通的地方，小的差错时时出现。希望进一步完善培养思虑，涵泳于义理之中，日后思路自会条畅的。

【原文】

欲知得與不得，於心氣上驗之。思慮有得，中心悦豫，沛然有裕者，實得也。思慮有得，心氣勞耗者，實未得也，強揣度耳。嘗有人言：「比因學道，思慮心虚。」曰：「人之血氣，固有虚實。疾病之來，聖賢所不免。然未聞自古聖賢因學道而致心疾者。」

——《二程遺書》卷二上

【译文】

要想知道自己学道是不是真有收获，可以从自己的心力气血上来验证。当你思考有得时，心中喜悦，心力气血充沛丰裕，那是真的有得。当你思虑有得时，心力劳瘁损耗，这情况其实并不是真有收获，只是勉强揣度罢了。曾有人说：「近来由于学道，思虑劳累而心虚。」我说：「人的血气，固然有虚有实。疾病的发生，即使圣贤也不可避免。但没听说过自古以来哪位圣贤因为学道而造成了心疾的。」

【原文】

今日雜信鬼怪異説者，只是不先燭理。若於事上一一理會，則有甚盡期？須只於學上理會。

——《二程遺書》卷二下

【译文】

今天相信鬼怪各种异说的人，只是他没有先洞察事理。如果你只从事上去了解认识，一件事又一件事，什么时候是个尽头？应该从学道明理上去了解认识。

【原文】

學原於思。

——《二程遺書》卷六

【译文】

学习源自思考。

【原文】

所謂「日月至焉」與「久而不息」者，所見規模雖略相似，其意味氣象迥别。須潛心默識，玩索久之，庶幾自得。學者不學聖人則已，欲學之，須熟玩味聖人之氣象，不可只於名上理會，如此只是講論文字。

——《二程遺書》卷十五

【译文】

所谓的「偶然想到一下仁」的人，和「长期追求仁德不息」的人，即使二者对道的认识深浅广狭大略相似，他们的意味气度也大不相同。圣人之道需要潜心体认，久久玩索，也许能够认识到。学者不学做圣人则已，要学就应该反反复复地玩味圣人的景象气度，不能只从概念语言上去认识圣人，那样只是讲解文字。

【原文】

問：「忠信進德之事，固可勉強，然致知甚難。」伊川先生曰：「學者固當勉強，然須是知了方行得。若不知，只是覷卻堯，學他行事，無堯許多聰明睿智，怎生得如他動容周旋中禮？如子所言，是篤信而固守之，非固有之也。未致知，便欲誠意，是躐等也。勉強行者，安能持久？除非燭理明，自然樂循理。性本善，循理而行，是順理事，本亦不難。但爲人不知，

旋安排著，便道難也，知有多少般數？煞有深淺。學者須是真知，纔知得是，便泰然行將去也。某年二十時，解釋經義，與今無異。然思今日，覺得意味與少時自別。」

——《二程遺書》卷十八

【译文】

有人问：「内积忠信以进修德业的事，固然可以努力去做。但要做到明白其中道理却难。」程颐回答说：「学者固然应当努力实行，但需要是先知了而后才能行。如果不懂其中道理，只是看见尧，就学尧那样行事，没有尧那样的聪明睿智，怎么能像尧一样举止容仪、行为动作全都符合礼呢？像你刚才说的那样，那是实实在在地相信并且牢固地守持着某一善行，这善行却不是他自身所有的，没有做到获取知识明白事理，就想做到真实无妄诚实无欺，是越级而进。超越能力的勉强实行，怎么能持久呢？除非你洞彻事理明白无碍，才会自然而然地乐于按照圣人之道去行。人性本善，顺理而行，这也是顺理成章的事，本来也不难。只怕为人不明理，旋安排一个理去顺着做，那就难了。你知道要行的事有多少般多少种，怎么一一安排？这里很有个深浅。学者须是真正理解了事理，刚刚正确地理解了这理，就泰然实行了。我二十岁时，解释经义，与今日没有什么不同。但想想今天，觉得其中意味与年轻时自是不同。」

【原文】

凡一物上有一理，須是窮致其理。窮理亦多端，或讀書講明義理，或論古今人物，别其是非，或應接事物而處其當，皆窮理也。或問：「格物須物物格之，還只格一物而萬理皆知？」曰：「怎得便會貫通？若只格一物便通衆理，雖顔子亦不敢如此道。須是今日格一件，明日又格一件，積習既多，然後脱然自有貫通處。」

——《二程遺書》卷十八

【译文】

大凡一物有一个理，需要深入探究认识其理。认识理的途径有多种，或者读书讲明义理，或者评论古今人物，判别其是非，或者应接事物，而能处理得当，都可穷尽事理。有人问：「推究事物之理，需要一物一物一事一事地推究呢，还是只推究一事一物而万理皆知呢？」程颐回答说：「怎能推究一物就会贯通呢？如果只推究一物，就贯通众理，即使是大贤者颜回也不敢这么说。应该是今日推究一件，明日又推究一件，积累多了，然后自有豁然贯通的时候。」

【原文】

「思曰睿」，思慮久後，睿自然生。若於一事上思未得，且别换一事思之，不可專守著這一事。蓋人之知識，於這裏蔽著，雖強思亦不通。

——《二程遺書》卷十八

【译文】

「思考称作睿智」，思虑时间久了，睿智自然产生。如果在一件事上思考未能有得，暂且换

另一事思考，不可只守着这一件事。因为人的认识，在这个地方被遮蔽住了，即使是强去思考，也想不通。

【原文】

問：「人有志於學，然知識蔽固，力量不至，則如之何？」曰：「只是致知。若智識明，則力量自進。」

——《二程遺書》卷十八

【译文】

有人问：「人有志于学，但智力蔽塞固陋，力量不足，该怎么办？」程颐回答说：「只在于致知。如果通过致知而智力明达了，那么力量自会提高。」

【原文】

問：「觀物察己，還因見物反求諸身否？」曰：「不必如此說。物我一理，才明彼，既曉此，此合内外之道也。」又問：「致知先求之四端，如何？」曰：「求之性情，固是切於身。然一草一木皆有理，須是察。」

——《二程遺書》卷十八

【译文】

有人问：「格物穷理中远观外物近察自身，还是拿了在外物上认识的理回来在自身上验证吗？」程颐说：「不用这么说，物之理和我之理都是同一个理，刚刚明白了那个，也就通晓了这个，这就是合内心与外物为一的道理。」又问：「致知从探求仁、义、礼、智四善端开始怎么样？」程颐回答说：「从人的性情上去探求，固然是切于自身了。但一草一木都包含着理，也应该去考察。」

【原文】

「思曰睿，睿作聖。」致思如掘井，初有渾水，久後稍引動得清者出來。人思慮始皆溷濁，久自明快。

——《二程遺書》卷十八

【译文】

「思考就能通达，事无不通就成为圣人。」思考就像掘井，开始有浑水，久后稍稍引得清水出来。人的思考开始时都浑浊不清，思考时间久了自然明快。

【原文】

或問：「如何是『近思』？」曰：「以類而推。」

——《二程遺書》卷二十二上

【译文】

有人问：「怎么叫做『近思』？」程颐回答说：「认识了当前的事而后依类推广开去。」

【原文】

學者先要會疑。

——《二程外書》卷十一

【译文】

学道的人先要会发现疑问。

【原文】

横渠先生答范巽之曰：所訪物怪神姦，此非難語，顧語未必信耳。孟子所論「知性知天」，學至於知天，則物所從出，當源源自見。知所從出，則物之當有當無，莫不心諭，亦不待語而後知。諸公所論，但守之不失，不爲異端所劫，進進不已，則物怪不須辨，異端不必攻。不逾期年，吾道勝矣。若欲委之無窮，付之以不可知，則學爲疑撓，智爲物昏，交來無閒，卒無以自存，而溺於怪妄必矣。

——張載《横渠文集・答范巽之書》

【译文】

张载给范育的复信说：来信所询问的物怪神奸之类的事，这不是什么难以说明的问题，只不过人们未必肯信。孟子说的「人尽心就可以明白自己的本性也就可以了解上天」。学道达到了知天的地步，那么事物是如何产生的，都会渐渐不断地认识到。知道了事物是如何产生的，那么某种事物应该有应该没有，无不明白于心，也不需要等说明了才知道。诸位所谈论的理，只要守持着先圣有关鬼神之事基本的认识而不失掉，不被异端之学胁迫，不断地上进，那么物怪之说用不着分辨，异端学说也用不着批判，不过一年，我们的学说就胜利了。如果把物怪神奸之说以不可穷究推到一边，认为是不可知的东西，那么你的为学就被疑惑阻挠，心智被外物搞得昏昏不明，疑惑与外物交杂而来，没个间断，终于会到无法自存的地步，就必然陷于怪妄了。

【原文】

子貢謂：「夫子之言性與天道，不可得而聞。」既言「夫子之言」，則是居常語之矣。聖門學者以仁爲己任，不以苟知爲得，必以了悟爲聞，因有是說。

——張載《横渠語録》卷上

【译文】

子贡说：「孔夫子谈论性和天道的话，我们不得而闻。」但既然他说「夫子之言」，那是平常给他说过了。圣门的学者以在天下实行仁作为自己的责任，不把随便听到的东西看做是收获，一定要透彻了解的才认为是有闻。因此子贡才有这样的说法。

【原文】

義理之學，亦須深沈方有造，非淺易輕浮之可得也。

——張載《經學理窟・義理》

【译文】

义理之学，也须要深入沉潜才能有所造诣，不是浅易轻浮所能学得的。

【原文】

學不能推究事理，只是心麤。至如顏子未至於聖人處，猶是心麤。

——張載《經學理窟・義理》

【译文】

学道而不能考究事理，只是由于心粗。至于颜回没有达到圣人的地方，也是由于心粗。

【原文】

博學於文者，只要得「習坎心亨」。蓋人經歷險阻艱難，然後其心亨通。

——張載《横渠文集》

【译文】

广泛地学习了文献的人，只要再「经历艰险便心中豁然贯通」。因为人经历了艰难险阻，然后他的心就能贯通。

【原文】

義理有疑，則濯去舊見，以來新意。心中有所開，即便札記，不思則還塞之矣。更須得朋友之助，一日間朋友論著，則一日間意思差別。須日日如此講論，久則自覺進也。

——張載《經學理窟・學大原下》

【译文】

读书到了义理领会不了有疑问的地方，就应该清除头脑中旧有的见解，好使新意产生。心中有所开悟，随即记下，不继续思考思路就又阻塞了。还需要得到朋友的帮助，一天里朋友讨论着，一天里认识就有差别。需要天天如此讨论，时间一长自然就感觉到进步了。

【原文】

凡致思到說不得處，始復審思明辨，乃爲善學也。若告子則到說不得處遂已，更不復求。

——張載《孟子説》

【译文】

凡是思考问题到了弄不明白的地方，重又审慎地思考，明白地辨别，才是善于学习呀。像告子则到了说不出来的地步就放下，再也不去探究了。

【原文】

伊川先生曰：凡看文字，先須曉其文義，然後可求其意。未有文義不曉而見意者也。

——《二程遺書》卷二十二上

【译文】

程颐说：凡读文章，先要弄清字句之义，然后才能探求文章中的意思。没有不懂字句却理解了文章意思的。

【原文】

學者要自得。六經浩渺，乍來難盡曉，且見得路徑後，各自立得一個門庭，歸而求之可矣。

——《二程遺書》卷二十二上

【译文】

学者要自己有所收获。六经文字浩渺无边，乍来这里就学难以全都弄懂，且了解了治学的路子后，为各经确立一个读书的路子，回去自己探求就可以了。

【原文】

凡解文字，但易其心自見理。理只是人理，甚分明，如一條平坦底道路。《詩》曰：「周道如砥，其直如矢。」此之謂也。或曰：「聖人之言，恐不可以淺近看他。」曰：「聖人之言，自有近處，自有深遠處。如近處怎生強要鑿教深遠得？揚子曰：『聖人之言遠如天，賢人之言近如地。』頤與改之曰：『聖人之言，其遠如天，其近如地。』」

——《二程遺書》卷十八

【译文】

大凡理解文字，只要把心放得平易些，自然能看出其中的道理。理不过是关于人的道理，很明白，就像一条平坦的道路。《诗经》上说：「大路平如磨刀石，直得就像箭杆子。」说的就是这个意思。有人说：「圣人的言语，恐怕不能用浅近的眼光看他。」程颐回答说：「圣人的话，自有浅近的地方，自有深远的地方。如果是浅近的地方，怎么强要穿凿得深远难懂呢？扬雄说：『圣人之言远如天，贤人之言近如地。』我给他改成：『圣人之言，其远如天，其近如地。』」

【原文】

學者不泥文義者，又全背卻遠去。理會文義者，又滯泥不通。如子濯孺子爲將之事，孟子只取其不背師之意，人須就上面理會事君之道如何也。又如萬章問舜完、廩浚井事，孟子只答他大意。人須要理會：浚井如何出得來？完廩又怎生下得來？若此之學，徒費心力。

——《二程遺書》卷十八

【译文】

学者中不拘泥于文字字句意思的人，又完全背离了文义，相去太远了。那些从文义去解释的人，又拘泥于字句而不通达。比如《孟子》书中谈到子濯孺子为将的事，孟子只取庾公之斯不背叛其师的意思，在别人可能会去考虑他的事君之道怎么样，如此就互相矛盾妨碍而讲不通了。又比如《孟子》书中万章问舜修仓房和淘井的事，孟子只回答他大意，在别人可能会考虑：舜淘井被掩在井里怎么出来了呢？在仓房顶上修仓房被抽去了梯子，仓房烧起来，他又怎么下得来呢？如果这样去学，那是徒费心力。

【原文】

凡觀書不可以相類泥其義，不爾，則字字相梗。當觀其文勢上下之意。如「充實之謂美」，與《詩》之「美」不同。——《二程遺書》卷十八

【译文】

凡读书，不可被别的书上与此相似的语言拘泥了文义，若不如此，那么每一个字都会阻塞了你使你没法读下去。应该就你当前所读文字的思路看上下文的意思。如孟子说的「充实之谓美」的美」，与我们谈论《诗经》美刺的「美」，两个美字不同。

【原文】

問：「瑩中嘗愛《文中子》。或問學《易》，子曰：『終日乾乾可也。』此語最盡。文王所以聖，亦只是個不已。」先生曰：「凡説經義，如只管節節推上去，可知是盡。夫『終日乾乾』，未盡得《易》。據此一句，只做得九三使。若謂乾乾是不已，不已又是道，漸漸推去，自然是盡。只是理不如此。」——《二程遺書》卷十九

【译文】

问：「陈莹中喜欢《文中子》的一句话。有人问怎样学习《周易》，文中子说：『一天到晚努力不懈就可以了。』陈莹中认为这话最能尽理。周文王之所以成为圣人，也只是由于努力不已。」程颐回答说：「大凡解说经义，如只管节节推上去，当然是会穷尽的。『终日努力不懈』，不能穷尽《易》理。据这一句，只能当它是《乾》卦九三爻。如果说乾乾是不已，不已又是道，渐渐地推开去，自然是会穷尽《易》理的。只是理原本并不是如此高远的。」

【原文】

「子在川上曰：『逝者如斯夫！』」言道之體如此，這裏須是自見得。張繹曰：「此便是無窮。」先生曰：「固是道無窮，然怎生一個無窮便道了得他？」——《二程遺書》卷十九

【译文】

「孔子站在河边上说：『逝去的就像这悠悠东去的水呀！』」形容道体也是这样，这里应是学者自己去体认。张绎说：「这就是无穷的意思。」程颐说：「固然是道无穷，但怎么一个无穷就把它说完了呢？」

【原文】

今人不會讀書，如「誦《詩》三百，授之以政，不達；使之四方，不能專對，雖多亦奚以爲？」須是未讀《詩》時，不達於政，不能專對。既讀《詩》後，便達於政，能專對四方，始是讀《詩》。「人而不爲《周南》、《召南》，其猶正牆面。」須是未讀《詩》時如面牆，到讀了後便不面牆，方是有驗。大抵

讀書只此便是法。如讀《論語》，舊時未讀，是這個人，及讀了後來，又只是這個人，便是不曾讀也。

——《二程遺書》卷十九

【译文】

今人不会读书，就像孔子说的「熟读了《诗经》三百篇，交给他政事，却办不通；叫他出使到别国，不能独立地去应对。纵然读得多，又有什么用处呢？」会读书的人应该是没有读《诗经》时，不通达政事，不能单独应付外交。读了《诗经》以后，就能通达政事，能应付对外交涉，这才是读了《诗经》。再如孔子说：「读书人不去研究《诗经》中的《周南》和《召南》，那就像面对墙壁站立着，眼不见物，寸步难行吧。」应该是未读《诗经》时像对墙站立，到读了以后便不是对墙站立，才是读书有得的验证。大抵如此验证就是读书的方法。如读《论语》，过去未读时是这个人，及读过了以后，仍然是原来这么个人，没有什么变化，那就等于没有读书。

【原文】

凡看文字，如「七年」、「一世」、「百年」之事，皆當思其如何作爲，乃有益。

——《二程遺書》卷二十二上

【译文】

大凡看书，例如看到「善人教民七年」、「王者必世而后仁」这些地方，「人生百年」之事，应该想一想如何作为，才有益。

【原文】

凡解經，不同無害，但緊要處不可不同爾。

——《二程外書》

【译文】

大凡解释经义，解说不同没有什么妨碍，只是关键的地方不能不同。

【原文】

焞初到，問爲學之方。先生曰：「公要知爲學，須是讀書。書不必多看，要知其約。多看而不知其約，書肆耳。頤緣少時讀書貪多，如今多忘了。須是將聖人言語翫味，入心記著，然後力去行之，自有所得。」

——《二程外書》

【译文】

尹焞初到程颐门下，请问为学的方法。程颐说：您要知为学应该读书。书不必多读，但要明白书中的精要。多读书而不知精要，那就是个书铺子。我因为年轻时读书贪多，如今大都忘了。应该是把圣人的言语反复玩味，在心里记着，然后努力去实行，自然会有收获。

【原文】

初學入德之門，無如《大學》，其他莫如《語》、《孟》。

——《二程遺書》卷二十二上

【译文】

初学读书的门径，都不如《大学》，其他的书，则都不如《论语》、《孟子》。

【原文】

學者先須讀《論》、《孟》。窮得《論》、《孟》，自有要約處，以此觀他經甚省力。《論》、《孟》如丈尺權衡相似，以此去量度事物，自然見得長短輕重。——《二程遺書》卷十八

【译文】

学者先要读《论语》、《孟子》。读透了《论语》、《孟子》，自然有一个要领，拿它去看别的经书就很省力。《论语》、《孟子》就像尺秤一样，用它去度量事物，自然能见出长短轻重。

【原文】

讀《論語》者，但將諸弟子問處，便作己問，將聖人答處，便作今日耳聞，自然有得。若能於《論》、《孟》中深求玩味，將來涵養成甚生氣質！——《二程遺書》卷二十二上

【译文】

读《论语》时，只要将孔子弟子们问的地方，就当做自己提问，将圣人的回答，就当做今天的耳闻，自然有收获。如果能在《论语》、《孟子》中深入玩味，将会涵养成一种什么样超人的气质呀！

【原文】

凡看《語》、《孟》，且須熟讀翫味，將聖人之言語切己，不可只作一場話說。人只看得此二書切己，終身盡多也。——《二程遺書》卷二十二上

【译文】

凡看《论语》、《孟子》，且要熟读玩味，把圣人的话都当做与自己切身的话来看，不可只当做一场话说。人只要把这两部书看得切身，一生的受益自是很多的。

【原文】

《論語》有讀了後全無事者，有讀了後其中得一兩句喜者，有讀了後知好之者，有讀了後不知手之舞之足之蹈之者。——《二程遺書》卷十九

【译文】

《论语》这部书，有读了以后没有一点感触的，有读了以后得到其中一两句而欣喜的，有读了以后理解并喜欢上它的，有读了以后不知不觉手舞足蹈的。

【原文】

學者當以《論語》、《孟子》爲本。《論語》、《孟子》既治，則六經可不治而明矣。

讀書者當觀聖人所以作經之意，與聖人所以用心，與聖人所以至聖

人，而吾之所以未至者，所以未得者。句句而求之，晝誦而味之，中夜而思之，平其心，易其氣，闕其疑，則聖人之意見矣。——《二程遺書》卷二十五

【译文】

学者应该以《论语》、《孟子》两书作为学问的根本。《论语》、《孟子》研治过了，那么六经可以不用研究而自然明白了。

读书的人，应当留心看圣人为什么要作经的想法，和圣人作经时的用心，与圣人之所以成为圣人，而我之所以未能达到圣人境界的原因，所以未能得到圣人之道的原因。每一句都如此去推求，白天诵读品味，夜里静静思考，放平你的心，放宽你的气，保留你搞不清的疑问，那么圣人之意就能领会了。

【原文】

讀《論語》、《孟子》而不知道，所謂「雖多亦奚以爲」。——《二程遺書》卷六

【译文】

读了《论语》、《孟子》还不明白圣人之道，这就是孔子说的「纵然读得多又有什么作用呢」。

【原文】

《論語》、《孟子》，只剩讀著便自意足，學者須是玩味。若以語言解著，意便不足。某始作此二書文字，既而思之又似剩。只有些先儒錯會處，卻待與整理過。——《二程外書》卷五

【译文】

《论语》、《孟子》两书，只熟读本文便觉得意思充分，学者需要如此玩味。如果用语言解说，意思就不充分了。我当初作这两部书的解释，后来想一想，又像是多余。只有一些前代儒者错误理解的地方，却等着整理出来。

【原文】

問：「且將《語》、《孟》緊要處看，如何？」伊川曰：「固是好，然若有得，終不浹洽。蓋吾道非如釋氏，一見了便從空寂去。」——《二程遺書》卷十二

【译文】

有人问：「且将《论语》、《孟子》中关键的地方去读，怎么样？」程颐回答：「这样固然好，但若有心得，到底不会透彻。因为儒道不像佛教，佛教一见了关键的话就走向空寂去了。」

【原文】

「興於《詩》」者，吟詠性情，涵暢道德之中而歆動之，有「吾與點也」之氣象。——《二程遺書》卷三

【译文】

为学向善「兴起于读《诗经》」，是因为诗可吟咏性情，使人尽情潜心在道德之中而被感动，有孔子说的「我赞赏曾皙」的气象。

【原文】

謝顯道云：「明道先生善言《詩》，他又渾不曾章解句釋，但優游玩味，吟哦上下，便使人有得處。『瞻彼日月，悠悠我思。道之云遠，曷云能來？』思之切矣。終曰：『百爾君子，不知德行。不忮不求，何用不臧？』歸於正也。」

——《二程外書》卷十二

【译文】

谢良佐说：「程颢先生善于讲论《诗经》，但他又几乎不曾一章一句解释，只是从容地玩味，上下地吟诵，就让人领会了。『你看那太阳和月亮，我的思念长又长。道路相隔太遥远，怎能来到我身旁？』思念多么迫切呀。结束时说：『所有你们君子呀，不懂道德和修养。如不损人又不贪，走到哪里不顺当。』最后又归于正。」

【原文】

明道先生曰：學者不可以不看《詩》。看《詩》便使人長一格價。

——《二程外書》卷十二

【译文】

程颢说：学者不可不读《诗经》。读《诗经》能使人的价值提高一个等次。

【原文】

「不以文害辭」，文，文字之文，舉一字則是文，成句是辭。《詩》爲解一字不行，卻遷就他說，如「有周不顯」，自是作文當如此。

——《二程外書》卷一

【译文】

孟子说的解《诗经》「不以文害辞」，文，就是文字的文，单举一个字是文，完整一句是辞。《诗经》中如果一个字在句子中解释不通，那就需要迁就宛曲加以解说。例如「周道不显」就是，自然是写诗时应当如此行文。

【原文】

看《書》須要見二帝三王之道。如二典，即求堯所以治民，舜所以事君。

——《二程遺書》卷二十四

【译文】

读《尚书》应该从中认识二帝三王治国之道。如看《尧典》、《舜典》，就去推求尧怎样治民、舜怎样事君的。

【原文】

《中庸》之書，是孔門傳授，成於子思、孟子。其書雖是雜記，更不分精麤，一衮説了。今人語道，多説高便遺卻卑，説本便遺卻末。

——《二程遺書》卷十五

【译文】

《中庸》这部书，是孔门后学传授下来，成书于子思、孟子之手。书中语言虽然出于杂记，不是一时系统的东西，也不分精细与粗略，一股脑儿都说出来了。今天的人谈论圣人之道，大多是说到高深处就把基础的东西丢弃了，说到根本的大道理就把细节给扔掉了。

【原文】

伊川先生《易傳序》曰：易，變異也，隨時變異以從道也。其爲書也，廣大悉備，將以順性命之理，通幽明之故，盡事物之情，而示開物成務之道也。聖人之憂患後世，可謂至矣。去古雖遠，遺經尚存。然而前儒失意以傳言，後學誦言而忘味。自秦而下，蓋無傳矣。予生千載之後，悼斯文之湮晦，將俾後人沿流而求源，此《傳》所以作也。「《易》有聖人之道四焉：以言者尚其辭，以動者尚其變，以制器者尚其象，以卜筮者尚其占。」吉凶消長之理，進退存亡之道備於辭。推辭考卦，可以知變，象與占在其中矣。「君子居則觀其象而翫其辭，動則觀其變而翫其占。」得於辭不達其意者有矣，未有不得於辭而能通其意者也。至微者理也；至著者象也。體用一源，顯微無閒。「觀會通以行其典禮」，則辭無所不備。故善學者求言必自近。易於近者，非知言者也。予所傳者辭也，由辭以得意，則在乎人焉。

——《二程文集》卷八《易傳序》

【译文】

程颐《易传序》中说：《周易》的易，是变化的意思，是随时变化以符合道。《周易》这部书，内容极其宽广，包含了天、地和人类社会的基本法则，圣人作此书，是顺应人与物本然之性与上天之命的道理，以阐明昼夜、死生、光明与黑暗的缘故，充分描述形容天下的万物，以开启天下智慧，成就天下事业。圣人为后世忧虑，在这书中可以看出已达到极致了。今天离开作《周易》的时代虽然已经久远，但圣人留下的这部经书还流传着。只是前代儒者弄不懂它的含义，仅仅把言辞传授了下来，后代的学者诵读了它的文字而没有读出其中的意味。从秦代以来，《周易》中的圣道就没有流传了。我生在圣人千年之后，伤悼《周易》的本义被淹没不明，因而想使后人能够通过文字追寻圣人之意的本源，这就是我写作《易传》的目的。《周易·系辞上》说：「《周易》中包含圣人使用的方法有四项：用来议论时，崇尚《周易》的言辞；用来行动时，崇尚《周易》的变化；用来制造器具时，崇尚《周易》的卦象；用来卜筮时，崇尚《周易》的占断。」天道

吉凶消长的规则，人事进退存亡的道理，都包含在卦辞里边。推敲卦辞来考察卦义，就可以了解吉凶消长、进退存亡的变化，这样卦象和占断也就包括在其中了。《系辞》又说：「君子平居时就观察《周易》的卦象，反复玩味其卦辞，到临事行动时就观察卦爻的变化，玩味凶吉的占断。」理解了言辞而不能明白其含义的人是有的，但从来没有不懂言辞却能通达其含义的。最为隐微难以认识和阐明的是理，最为显著可见的是外在的形象。然而作为本体的理和行为功用的象在根源上本是一体的，在呈现在外的（象）和隐微不见的（理）之间并没有一点点的间隔。「要观察万理所聚但却互相各不妨碍，都能畅通无阻，在错综复杂中，显示出融会贯通的地方」，那么《周易》的卦辞中是无不具备的。所以善于学习的人探求圣人之言一定从文辞开始。轻视文辞的人，是不明白言语的人。我在书中解释的，是《周易》的辞语，从这辞语中领会圣人之意，那就在于学者个人了。

【原文】

伊川先生《答張閎中書》曰：《易傳》未傳，自量精力未衰，尚覬有少進爾。來書云：「《易》之義本起於數。」謂義起於數則非也。有理而後有象，有象而後有數。《易》因象以明理，由象以知數。得其義，則象數在其中矣。必欲窮象之隱微，盡數之毫忽，乃尋流逐末，術家之所尚，非儒者之所務也。

——《二程文集》卷九《答張閎中書》

【译文】

程颐《答张闳中书》中说：我作的《易传》还没有传授给人，因为自己感到精力还没有衰退，还希望再加修订有所提高。你来信中说：「《周易》的义本产生于数。」说义产生于数则不对。有了理然后才有象，有了象然后才有数。《周易》中是通过卦象说明卦理，读者则从卦象中明白其数。所以理解了卦义，那么象和数也都在其中了。如果一定要去穷究卦象直到难以见到的地步，考究其数到难以说明的程度，那只是舍本逐末，舍源寻流，是数术家所崇尚的，却不是儒者应做的事。

【原文】

知時識勢，學《易》之大方也。

——《二程易傳·夬傳》

【译文】

认识时势，这是学《周易》的根本方法。

【原文】

《大畜》初二，乾體剛健而不足以進，四五陰柔而能止。時之盛衰，勢之強弱，學《易》者所宜深識也。

——《程氏易傳·大畜傳》

【译文】

《大畜卦》的初九和九二两阳爻，是下卦乾卦之体，其性虽刚健，但以时势而言，却不能够上进，因为上面有六四、六五两阴爻阻止着。六四、六五两阴爻，虽属阴柔，但处在上位，就能阻止

初九、九二阳爻的上进。从这里看，时势的盛衰强弱，是学《周易》的人应该深入思考的。

【原文】

諸卦二、五，雖不當位，多以中爲美。三、四雖當位，或以不中爲過。中常重於正也。蓋中則不違於正，正不必中也。天下之理莫善於中，於九二、六五可見。

——《程氏易傳·震傳》

【译文】

各卦的二爻和五爻，即使不当位，也大多以得中为美。三爻、四爻，即使当位，有的也因不得中为过。中常常比正重要。因为中就不会违背正，正的却不一定得中。天下之理没有比得中更好的，这可以从一些卦的九二爻、六五爻看出。

【原文】

問：「胡先生解九四作太子，恐不是卦義。」先生云：「亦不妨，只看如何用。當儲貳則做儲貳使。九四近君，便作儲貳亦不害，但不要拘一。若執一事，則三百八十四爻，只作得三百八十四件事便休了。」

——《二程遺書》卷十九

【译文】

有人问：「胡瑗解《乾卦》九四爻为太子，恐怕不是卦义吧。」程颐说：「说是太子也不妨，只是看在什么情况下使用。如果占卜的人处于这样的地位就作太子解。九四的位置离能够象征天子的九五近，就说它是太子也没有妨碍，只是不要拘泥于一种事物。如果一爻就拘执地认为指一种事物，那么《周易》共三百八十四爻，只象征三百八十四件事也就完了。」

【原文】

看《易》且要知時。凡六爻，人人有用，聖人自有聖人用，賢人自有賢人用，衆人自有衆人用，學者自有學者用，君有君用，臣有臣用，無所不通。因問：「《坤卦》是臣之事，人君有用處否？」先生曰：「是何無用？如『厚德載物』，人君安可不用？」

——《二程遺書》卷十九

【译文】

读《周易》的人要懂得易之用因时而异的道理。每卦只有六爻，但人人都有用。圣人自有圣人的用法，贤人自有贤人的用法，普通人自有普通人的用法，学子们自有学子们的用法，君有君的用法，臣有臣的用法，其用是无所不适不通的。于是有人问：「《坤卦》是臣下的事，君主有用处吗？」程颐说：「这怎么无用？如《坤》卦说的『厚德载物』，人君怎么能不用？」

【原文】

《易》中只是言反復、往來、上下。

——《二程遺書》卷十四

【译文】

《周易》里边只是讲些阴阳变化的反复、往来、上下的道理。

【原文】

作《易》，自天地幽明，至於昆蟲草木微物無不合。

——《二程外書》卷七

【译文】

圣人制作了《周易》，大自天地幽明，小至昆虫草木这些细微的东西，一切事物之理，没有不相合的。

【原文】

今時人看《易》，皆不識得《易》是何物，只就上穿鑿。若念得不熟，與就上添一德亦不覺多，就上減一德亦不覺少。譬如不識此兀子，若減一只腳，亦不知是少，若添一只，亦不知是多。若識則自添減不得也。

——《二程外書》卷五

【译文】

今天的人看《周易》，都不知道《周易》是个什么东西，只在上边生硬解说。如果读得不熟，给他在上边添一种意思也不觉得多，减去一个意思也不觉得少。譬如不认识这个杌子，如果减去一只脚，也不知道少了，添上一只，也不知是多。如果认得。那自然添减不得。

【原文】

游定夫問伊川「陰陽不測之謂神」，伊川曰：「賢是疑了問？是揀難底問？」

——《二程外書》卷十二

【译文】

游酢问程颐「阴阳不测之谓神怎么理解」，程颐反问他：「你是有了疑问来问吗？还是拣了这句难就来问呢？」

【原文】

伊川以《易傳》示門人曰：「只説得七分，後人更須自體究。」

——《二程外書》卷十一

【译文】

程颐把他写的《易传》给弟子们看，说：「这书上只把《周易》的道理讲了七分，后人还需要自己体会研究。」

【原文】

伊川先生《春秋傳序》曰：天之生民，必有出類之才起而君長之，治之而爭奪息，導之而生養遂，教之而倫理明，然後人道立，天道成，地道平。

二帝以上，聖賢世出，隨時有作，順乎風氣之宜，不先天以開人，各因時而立政。暨乎三王迭興，三重既備，子、丑、寅之建正，忠、質、文之更尚，人道備矣，天運周矣。聖王既不復作，有天下者，雖欲仿古之跡，亦私意妄爲而已。事之繆，秦至以建亥爲正；道之悖，漢專以智力持世。豈復知先王之道也？夫子當周之末，以聖人不復作也，順天應時之治不復有也，於是作《春秋》，爲百王不易之大法，所謂「考諸三王而不謬，建諸天地而不悖，質諸鬼神而無疑，百世以俟聖人而不惑」者也。先儒之傳曰：「游、夏不能贊一辭。」辭不待贊也，言不能與於斯耳。斯道也，惟顔子嘗聞之矣。「行夏之時，乘殷之輅，服周之冕，樂則《韶舞》。」此其準的也。後世以史視《春秋》，謂褒善貶惡而已。至於經世之大法，則不知也。《春秋》大義數十。其義雖大，炳如日星，乃易見也；惟其微辭隱義，時措從宜者，爲難知也。或抑或縱，或與或奪，或進或退，或微或顯，而得乎義理之安，文質之中，寬猛之宜，是非之公，乃制事之權衡，揆道之模範也。夫觀百物，然後識化工之神；聚衆材，然後知作室之用。於一事一義而欲窺聖人之用心，非上智不能也。故學《春秋》者，必優游涵泳，默識心通，然後能造其微也。後王知《春秋》之義，則雖德非禹湯，尚可以法三代之治。自秦而下，其學不傳。予悼夫聖人之志不明於後世也，故作傳以明之，俾後之人通其文而求其義，得其意而法其用，則三代可復也。是傳也，雖未能極聖人之蘊奥，庶幾學者得其門而入矣。

——《二程文集》卷八

【译文】

程颐《春秋传序》中说：上天生育了下民，一定要有超出群类的英才出来做他们的君主长官，治理他们以平息相互争夺，引导他们以使生物养民得以进行，教化他们使之懂得人与人之间的伦常之理，这样建立了人的法则，成就了天的法则，定下了地的法则。尧、舜二帝以上，圣贤世世出现，随时宜制定典章制度，顺应着各时期风俗之宜，而不在时机未成熟时开导人民，各位圣王都按照时代的情况去立政。等到夏禹、商汤、周文武三王迭兴，治理天下的各种大事如善德、征验、尊位等都已经完备了。三代或建子为天正以一月为岁首，或建丑为地正以十二月为岁首，或建寅为人正以十一月为岁首，本于天、地、人三才为更始，至此天运已经周备了。三代的典章礼文或崇尚信诚，或崇尚质朴，或崇尚文采，人伦之事也已经完备了。三代以后，圣王既已不再出现，那些做天下君王的人，纵使想摹仿古代的遗迹，也因不明古制，只不过按照自己私下的想像胡乱作为而已。事情的荒谬，以至于出现了秦朝以建亥为正以十月为岁首；违背治国之道，汉朝竟然用智力把持天下。哪里还懂得先王之道呢？孔子生当周朝末年，他考虑到圣人不再出现，顺应天时以治理天下的人再也不会有了，于是作了《春秋》这部书，成为历代帝王治理天

下不可更改的根本法则。就像《中庸》上说的「用夏商周三代圣王的治国之道来考查，没有违背的；设立于天地之间，合乎天地之道而没有不通的；用鬼神的隐微之道验证，没有可疑的；行用百代，直等到后世圣王再次出现，也不会发生疑惑」啊。前代儒者曾说孔子作《春秋》：「连子游、子夏这些熟悉文献的人都不能帮着写一句话。」语言文辞不需要他们帮着写，这里说的是他们没有这个水平来参与这件事。《春秋》中体现的这个道，只有颜渊曾经听孔子说过，这就是「用夏朝的历法，坐殷朝的车子，戴周朝的帽子，音乐就用舜时的《韶舞》」，这是孔子定的准的。后代把《春秋》看成一部史书，认为其中体现的不过褒善贬恶而已。至于其中贯穿的经济天下的根本法则，却不了解。《春秋》书中包含大义数十条。这些义理虽然重要，但它们显赫得就像天上日星，容易认识；只有那些微言隐义，按照时宜措置的地方难以认识。所述的事，有贬抑的，有放任的；有赞扬的，有抨击的；有的原本卑下书中加以尊崇，有的原本尊崇书中加以抑退；有明显的事写成隐微，有隐微的事写得明显，都一定要完全地符合义理。语言恰如其分地处理文采与质朴而得其中，评价不宽不苛而得其宜，评判不毁不誉而存其公，它是裁断事务的标准，把握道义的楷模。正如观察了各种事物，然后才能明白天地化工之神妙；聚集众多的材料，而后才能明白各自在建房中的用途。读书学道也是如此，要在一事一义上理解圣人的用心，除非上智的大贤是不能够的。所以学《春秋》的人，一定要优游而不迫，涵泳而有余，默识而心通，然后才能认识到它的隐微之处。后代的王者如果懂得了《春秋》之义，即使他没有夏禹商汤那样的德行，也还可以效法三代之治。自秦朝以后，《春秋》之学不传。我为圣人的心意不被后人理解而哀伤，所以作了《春秋传》加以阐明，以使后来的人弄通《春秋》的文字进而探求其义理，掌握了其中意义进而效法其功用，那么三代之治就可以恢复了。这部《春秋传》，虽然未能穷尽包含在《春秋》一书中的圣人之道的奥义，但差不多可以让学习的人找到一个门径进去了。

【原文】

《詩》、《書》，載道之文；《春秋》，聖人之用。《詩》、《書》如藥方，《春秋》如用藥治病。聖人之用，全在此書，所謂「不如載之行事深切著明」者也。有重疊言者，如征伐、盟會之類。蓋欲成書，勢須如此。不可事事各求異義，但一字有異，或上下文異，則義須別。——《二程遺書》卷二上

【译文】

《诗经》、《尚书》，是承载圣人之道的文字；《春秋》一书，则是圣人用以明道的。如果把《诗经》、《尚书》比作药方，《春秋》就像用这些药方治病。圣人将其道运用于事，全在这部书里了，这就是孔子自己说的，垂之空言「不如通过行事表现出来深刻并且明显」。书中有近义词重叠使用的，如征伐、盟会之类的事件。原因是想写成一部书，势必如此。不能每一事即使相同也要分别推求其中不同的含义，只是如果有一字不同，或上下文不同，那么其中含义也应不同。

【原文】

五經之有《春秋》，猶法律之有斷例也。律令唯言其法，至於斷例，則始見其法之用也。

——《二程遺書》卷二上

【译文】

五经中有《春秋》，就像法律中有案例。法律上只写法律条文，到案例中，才能看到这些法律应该如何掌握应用。

【原文】

學《春秋》亦善，一句是一事，是非便見於此，此亦窮理之要。然他經豈不可以窮理？但他經論其義，《春秋》因其行事，是非較著，故窮理爲要。嘗語學者：且先讀《論語》、《孟子》，更讀一經，然後看《春秋》。先識得個義理，方可看《春秋》。《春秋》以何爲準？無如中庸。欲知中庸，無如權。須是時而爲中。若以手足胼胝、閉户不出二者之間取中，便不是中。若當手足胼胝，則於此爲中；當閉户不出，則於此爲中。權之爲言，秤錘之義也。何物爲權？義也，時也。只是説得到義。義以上更難説，在人自看如何。

——《二程遺書》卷十五

【译文】

学《春秋》也很好，一句话就是一件事，是非便从这事中看出，这也是穷理的关键。难道读其他经书不能穷理吗？别的经书只讲应当如何，《春秋》则借助于历史实事，是与非在比较中显得突出，所以成为穷理的关键。我曾经对学生们说：且先读《论语》、《孟子》，再读一部经书，然后看《春秋》。先懂得了义理，才能看《春秋》。《春秋》判断是非以什么为准呢？没有超过中庸的了。想要懂得中庸，没有超过懂得权衡轻重的了。应该是因时得宜而为中，如果在大禹的急天下之难，和颜回的闭门不出中间取一个不急不缓的中，那就不是中。如果应当手足胼胝急天下时，那么这样做就是中；如果应当闭门不出时，这样做也是中。权字的意思，就是俗语说的秤锤。做事应该以什么作为校订轻重的准则呢？那就是义，就是时宜。只能说到义。义以上的就不好讲了，在各人自己怎么样去领会了。

【原文】

《春秋》傳爲案，經爲斷。

——《二程遺書》卷十五

【译文】

《春秋》书中，解经的传文好比案例，经文就像断语。

【原文】

凡讀史，不徒要記事跡，須要識其治亂安危興廢存亡之理。且如讀

《高帝紀》，便須識得漢家四百年終始治亂當如何。是亦學也。——《二程遺書》卷十八

【译文】

凡读史书，不仅仅要记住历史事件，还要明白其中治乱安危兴废存亡的道理。比如读《史记·高祖本纪》，就应该看出汉朝四百年始终治乱应该会是什么情况。如此才叫学习。

【原文】

先生每讀史到一半，便掩卷思量，料其成敗，然後卻看。有不合處，又更精思。其間多有幸而成，不幸而敗。今人只見成者便以爲是，敗者便以爲非，不知成者煞有不是，敗者煞有是底。——《二程遺書》卷十九

【译文】

程颢先生常常读史读到一半时，就放下书本思考，预料其成败，然后再看。有预料与史实不合的地方，又进一步深入思考。其中多有侥幸成功的，有不幸而失败的。今人只看到成功的便以为他对，失败的就认为他错，不知道成功的很有些不对的，失败的很有些正确的。

【原文】

讀史須見聖賢所存治亂之機，賢人君子出處進退，便是格物。——《二程遺書》卷十九

【译文】

读史书应该看到著书圣贤在书中表现的治乱的预兆，以及贤人君子进身退隐的原因，这就是推究事理。

【原文】

元祐中，客有見伊川者，几案間無他書，惟印行《唐鑒》一部。先生曰：「近方見此書。三代以後，無此議論。」——《二程外書》卷十二

【译文】

元祐年间，有位客人去见程颐，见书案上没有别的书，只有一部印行的《唐鉴》。程颐说：「近来才见到这部书。自从三代以后，没有这样好的议论。」

【原文】

横渠先生曰：《序卦》不可謂非聖人之蘊。今欲安置一物，猶求審處，況聖人之於《易》？其間雖無極至精義，大概皆有意思。觀聖人之書，須偏布細密如是。大匠豈以一斧可知哉！——張載《横渠易説·序卦》

【译文】

张载说：《序卦》不能说反映的不是圣人的意思。今天人们想安排一件东西的位置，尚且要审慎地安置，何况圣人排列《易》卦的位置呢？《序卦》中虽然没有极致的精义，但大体说都

有意思。看圣人的书，也应该像《序卦》一样布置细密。难道仅从一斧砍削上就可以认识一位巨匠吗？

【原文】

天官之職，須襟懷洪大，方得看。蓋其規模至大，若不得此心，欲事事上致曲窮究，湊合此心，如是之大，必不能得也。釋氏錙銖天地，可謂至大，然不嘗爲大，則爲事不得。若畀之一錢，則必亂矣。又曰：太宰之職難看，蓋無許大心胸包羅，記得此，復忘彼。其混混天下之事，當如捕龍蛇搏虎豹，用心力看方可。其他五官便易看，止一職也。

——張載《横渠語録》

【译文】

《周礼》中讲天官冢宰之职的第一篇，需要有广大的胸怀，才能看得。因为这篇所讲的冢宰之职规模最大，如果没有广大心胸，想在每一事上都弄得委曲详尽，一切事都凑合而成，这样的心胸广大，不是真的广大，必然不能贯通冢宰之事。佛教说的錙銖之中含天地之大，可以说是大了，但他们只说大话而没有做过大事。如果给他一个钱那么大的事，就一定乱了。

又说：讲太宰这个职位内容不易看，因为你没有这么大的心胸去包罗这纷繁的事，记得这些，又忘了那些。这些乱糟糟的天下事，要去记它，应该像捕龙蛇斗虎豹一样，用如此大的心力去看才行。讲其他五种官职的几篇则容易看，因为只讲一种职责。

【原文】

古人能知《詩》者惟孟子，爲其以意逆志也。夫詩人之志至平易，不必爲艱險求之。今以艱險求《詩》，則已喪其本心，何由見詩人之志？

——張載《經學理窟·詩書》

【译文】

古人能够理解《诗经》的只有孟子，因为他以自己的体验去揣测诗人之志。诗人的心志本来是极其平易的，不必当做高深难通的东西去推求。现在以高深难通去探求《诗经》，那么你自己的本心先已丧失了，还怎么能明白诗人之志？

【原文】

《尚書》難看，蓋難得胸臆如此之大。只欲解義，則無難也。

——張載《經學理窟·詩書》

【译文】

《尚书》难读，难在难得有如此大的心胸。如果只想理解字面意思，那并没有什么困难。

【原文】

讀書少，則無由考校得義精。蓋書以維持此心。一時放下，則一時德

性有懈。讀書則此心常在，不讀書則終看義理不見。

——張載《經學理窟·義理》

【译文】

人读书少，就无法考校得义理精详。因为书可以用来维持人的本善之心。一时放下书本，那么一时在修养德性上就有懈怠。常读书就能常存此心。不读书则到底也不能明白义理。

【原文】

書須成誦，精思多在夜中，或靜坐得之。不記則思不起。但貫通得大原後，書亦易記。所以觀書者，釋己之疑，明己之未達，每見每知新益，則學進矣。於不疑處有疑，方是進矣。

——張載《横渠語録》

【译文】

读书应该能够背诵，精思多在夜里，或者在静坐时理解了。不能记熟就不能在深夜或静坐时思考。反过来说，只要能贯通书的大意，然后去记，书也容易记。人们看书的目的，是消解自己的疑问，明白自己原来不懂的东西，每读一次都有新的收益，那你的学业就进步了。在没有疑问的地方发现了疑问，才是进步。

【原文】

六經須循環理會，義理盡無窮。待自家長得一格，則又見得别。

——張載《横渠語録》

【译文】

六经需要循环反复地阅读领悟，义理没有穷尽。等到你自身的水平提高了一个等级，你就会有新的见解。

【原文】

如《中庸》文字輩，直須句句理會過，使其言互相發明。

——張載《横渠語録》

【译文】

如《中庸》这样的文字，直须一句一句地领会，使其言前后互相发明。

【原文】

《春秋》之書，在古無有，乃仲尼所自作，惟孟子能知之。非理明義精，殆未可學。先儒未及此而治之，故其説多鑿。

——張載《横渠語録》

【译文】

《春秋》这部书，古时没有，是孔子自己作的，只有孟子能理解。不是理义精熟的人，恐是不能学的。前世儒者未达到这样的水平而去研究它，所以他们的解释多生硬穿凿。

卷四 存養

【原文】

或問：「聖可學乎？」濂溪先生曰：「可。」「有要乎？」曰：「有。」「請問焉。」曰：「一爲要。一者無欲也。無欲則靜虛動直。靜虛則明，明則通；動直則公，公則溥。明、通、公、溥，庶矣乎！」

——周敦頤《通書·聖學》

【译文】

有人问：「圣人可以学习而成吗？」周敦颐说：「可以。」又问：「学做圣人有要领吗？」回答说：「有。」「请问这个要领。」回答说：「守一是要领。守一的意思是无欲。无欲就能心中静虚，一念之动就正直。静虚则明而无疑，明而无疑就通达；正直就公正，公正就不偏不倚。明白、通达、无私、无偏，就差不多是圣人了！」

【原文】

伊川先生曰：陽始生甚微，安靜而後能長，故《復》之象曰：「先王以至日閉關。」

——《程氏易傳·復傳》

【译文】

程颐说：《复卦》一阳始生于下，阳气非常微弱，只有安静不劳才能增长，所以《复卦》的象辞说：「古代的圣王在冬至这一天道不远行封闭关门。」

【原文】

動息節宣，以養生也；飲食衣服，以養形也；威儀行義，以養德也；推己及物，以養人也。

——《程氏易傳·頤傳》

【译文】

动静适宜，节制言语，用以养生；饮食和衣服，用来养形体；庄严的容貌举止，正确的行为，用来养德行；推己及人，用来养育他人。

【原文】

慎言語以養其德，節飲食以養其體。事之至近而所繫至大者，莫過於言語飲食也。

——《程氏易傳·頤傳》

【译文】

慎言语以存养自己的德行，节饮食以保养自己的身体。事情中与自身最切近而关系又最大的，没有超过言语和饮食的了。

【原文】

「震驚百里，不喪匕鬯。」臨大震懼，能安而不自失者，惟誠敬而已。此處震之道也。

——《程氏易傳·震傳》

【译文】

「雷霆震惊百里，有的人勺子里的酒一点都没洒出来。」面对大的震惧，能够使人安定而不自失的，只有诚敬而已，这是对待大的震恐的方法啊。

【原文】

人之所以不能安其止者，動於欲也。欲牽於前而求其止，不可得也。故《艮》之道，當「艮其背」。所見者在前，而背乃背之，是所不見也。止於所不見，則無欲以亂其心，而止乃安。「不獲其身」，不見其身也，謂忘我也。無我則止矣。不能無我，無可止之道。「行其庭，不見其人。」庭除之間，至近也，在背則雖至近不見，謂不交於物也。外物不接，内欲不萌，如是而止，乃得止之道，於止爲「無咎」也。——《程氏易傳・艮傳》

【译文】

人之所以不能安于他应该所止之处的原因，是被欲望引动。欲望在前边牵动着却想要止而不动，是不可能的。所以《艮卦》的道理是，当人的注意「集中凝止在背后」时，人所见的东西在前边，而背却在背后，所以是看不见的。精神凝止在看不见的地方，就没有外欲来扰乱他的心，这就能安于他应当所止息之处了。「不获其身」，就是看不见自己的身体，是忘我的意思。无我无私无欲就能止息了。不能无我，就没有能定止的方法。「行其庭，不见其人。」庭院台阶之间是很近的，但在人的背后纵使再近也看不见，这是说的内心不与外物相交。外面不接触事物，内心不萌发欲念，这样保持静止，才是止的正确方法，对于止来说就是「没有灾害」了。

【原文】

明道先生曰：若不能存養，只是說話。——《二程遺書》卷一

【译文】

程颢说：读圣贤书，如若不能将圣人之言存于心而养其性，那就只不过是了解些古人的说话而已。

【原文】

聖賢千言萬語，只是欲人將已放之心，約之使反復入身來，自能尋向上去。下學而上達也。——《二程遺書》卷一

【译文】

圣贤千言万语，只是要人将已经放逸而去的本善之心，收束了使之返回自己身躯中来，这样自然能够寻求上进。这就是孔子说的下学而上达的意思。

【原文】

李籲問：「每常遇事，即能知操存之意。無事時如何存養得熟？」曰：「古之人，耳之於樂，目之於禮，左右起居，盤盂几杖，有銘有戒，動息

皆有所養。今皆廢此，獨有義理之養心耳。但存此涵養意，久則自熟矣。『敬以直内』，是涵養意。」
——《二程遺書》卷一

【译文】

李籲问：「平常遇事的时候，就能够明白操持存养内心的意思。但在没事的时候，怎样能存养内心使之贯熟呢？」程颢回答说：「古代的人，用音乐通过耳来涵养心性，用礼仪通过眼睛来涵养，日常生活中左左右右，用具如盘盂几杖，都有铭文有箴戒之词，动中静时都有所涵养。现在这些都废弃了，只有礼乐铭戒中体现的义理还保存着，也只能用这义理来涵养内心了。涵养的办法就是，只要你心中经常保持这涵养的意识，时间长了自会贯熟的。《周易》上说的『用敬来使内心正直』，说的就是涵养的意思。」

【原文】

吕與叔嘗言，患思慮多，不能驅除。曰：「此正如破屋中禦寇，東面一人來未逐得，西面又一人至矣。左右前後，驅逐不暇。蓋其四面空疏，盜固易入，無緣作得主定。又如虚器入水，水自然入。若以一器實之以水，置之水中，水何能入來？蓋中有主則實，實則外患不能入，自然無事。」
——《二程遺書》卷一

【译文】

吕大临曾经说，发愁的是心中闲思杂虑太多，不能驱除。程颢说：「这正如在破屋中抵御贼寇，东边一个盗贼来了还没赶出去，西面又有一个人来了。前后左右，四面驱赶不及。原因是四面墙壁空虚，盗贼当然容易进来，你没法做得主。又如把空的器皿放到水里，水自然就进去了。如果拿一个器皿装满了水，把它放到水中，水怎么能进来？人胸中有主就充实，充实了外界不好的东西就不能进入心中，自然也就无事。」

【原文】

邢和叔言：「吾曹常須愛養精力，精力稍不足則倦，所臨事皆勉強而無誠意。接賓客語言尚可見，況臨大事乎？」
——《二程遺書》卷一

【译文】

邢恕说过：「我们应该经常爱惜和保养自己的精力，精力稍有不足就困倦，处理事务时就显得很吃力又显得缺乏诚意。」程颢说：人困倦不诚，从接待宾客的语言上就能看出来了，何况面对大事呢？

【原文】

明道先生曰：學者全體此心，學雖未盡，若事物之來，不可不應，但隨分限應之，雖不中，不遠矣。

【译文】

程颢说：学者要保全你这本心，能如此那么学习中虽然还没能尽事物之理，如果遇事遇物，不能不应付，只要尽你已有的力量去应付了，即使不完全合宜，也不会差得太多。

【原文】

「居處恭，執事敬，與人忠。」此是徹上徹下語。聖人元無二語。

——《二程遺書》卷二上

【译文】

「平日起居要恭，做起事来要敬，与人相交要忠。」这是人们从始学到成德应遵循的话。圣人原没有说过与此不同的话。

【原文】

伊川先生曰：學者須敬守此心，不可急迫。當栽培深厚，涵泳於其間，然後可以自得。但急迫求之，只是私己，終不足以達道。

——《二程遺書》卷二上

【译文】

程颐说：学子们应该用敬来守持你的本心，不可急急迫迫地去追求道，当义理培植得深厚时，从从容容地涵泳于其中，天长日久而后可以自然得道。只是急急迫迫地追求，那只能是一己私心，最终也不可能达于圣人之道。

【原文】

明道先生曰：「思無邪」、「毋不敬」，只此二句，循而行之，安得有差？有差者，皆由不敬不正也。

——《二程遺書》卷二上

【译文】

程颢说：「思想纯正无邪」、「不要忘记谨严敬慎」，只这两句话，照着去做，怎么会有差错？有差错的原因，都是由于不敬不正。

【原文】

今學者敬而不見得，又不安者，只是心生，亦是太以敬來做事得重，此「恭而無禮則勞」也。恭者，私爲恭之恭也；禮者，非體之禮，是自然底道理也。只恭而不爲自然底道理，故不自在也；須是恭而安。今容貌必端，言語必正者，非是道獨善其身，要人道如何，只是天理合如此，本無私意，只是個循理而已。

——《二程遺書》卷二上

【译文】

现在学道的人按谨敬的要求做了却不见有收获，恭敬行事时心下又不安，这只是敬心还不纯熟，也是太刻意于照敬的要求去做事了，这就是孔子说的「只注重容貌态度的谨恭，却不知礼，

就不免劳倦」。他这里说的恭，是私自心下为了在人面前表现得很谨恭而去谨恭，这里说的礼，不是指鞠躬作揖之类的礼节动作，而是自然应该如此的道理。只是谨恭而不是顺着自然的道理去做，所以显得不自在，应该是做到谨恭而又心安。现在要做到容貌态度一定要端庄，一言一语一定要端正，不是说要以此完善自身，叫人看了说你如何端正，只是天理自然应该这样做，本来没有私意，只是按照天理行事而已。

【原文】

今志於義理而心不安樂者，何也？此則正是剩一個「助之長」。雖則心「操之則存，捨之則亡」，然而持之太甚，便是「必有事焉」而正之也。亦須且恁去。如此者只是德孤。「德不孤，必有鄰。」到德盛後，自無窒礙，左右逢其原也。

——《二程遺書》卷二上

【译文】

今人有志于义理内心却不安乐，原因是什么呢？这正是只剩下一个「拔苗助长强求速成」的毛病了。虽然说人本善之心「能操持它就能保有，舍弃就会丧失」，但你操持得太紧了，就是孟子说的「在修养身心时心情急迫地等待了」。虽然这样说，还是应该如此操持着做去，这样做去缺陷只是所得的德行单一。孔子说「德行不会单一的，一定会有其他德行相伴」。等德行修养到盛大后，自然互相贯通而无窒碍，就能左右逢源了。

【原文】

敬而無失，便是「喜怒哀樂未發謂之中」。敬不可謂中，但敬而無失，即所以中也。

——《二程遺書》卷二上

【译文】

持敬而不间断，便是所谓「喜怒哀乐之情未表现出来称作中」。敬不可称作中，但持敬而不间断，就是寻求和保持中的方法。

【原文】

司馬子微嘗作《坐忘論》，是所謂「坐馳」也。

——《二程遺書》卷二上

【译文】

司马承祯曾经写了一本《坐忘论》，但实际上他说的坐忘就是所谓的「坐驰」。

【原文】

伯淳昔在長安倉中閑坐，見長廊柱，以意數之，已尚不疑。再數之，不合。不免令人一一聲言數之，乃與初數者無差。則知越著心把捉，越不定。

——《二程遺書》卷二上

【译文】

先前有次程颢在长安县仓中闲坐，看到长廊下一排柱子，心下默默数过，自己并不怀疑数得

准不准。又数了一遍，与第一次数字不合。不免让人一个两个地读着数了数，结果与他第一次数的一样。这就说明人心越用意去把握，就越把握不定。

【原文】

人心作主不定，正如一個翻車，流轉動摇，無須臾停。所感萬端。若不做一個主，怎生奈何？張天祺昔嘗言，自約數年，自上著牀，便不得思量事。不思量事後，須強把他這心來制縛，亦須寄寓在一個形象，皆非自然。君實自謂「吾得術矣，只管念個『中』字」，此又爲「中」所繫縛。且中亦何形象？有人胸中常若有兩人焉，欲爲善，如有惡以爲之間；欲爲不善，又若有羞惡之心者。本無二人，此正交戰之驗也。持其志，使氣不能亂，此大可驗。要之，聖賢必不害心疾。

——《二程遺書》卷二下

【译文】

人的内心没有一定的主宰，正如一个水车流转动摇，没有一点点停止的时间，外物的感受千头万绪。如果没有一个东西做主，怎么能行呢？张戬过去曾经说过他给自己约定多年了，自上了床，就不再思考事情。他是想使自己的心不动摇，但不考虑事情后，得强行把这心给束缚住，也还得把它给寄寓在一个什么东西里，这都不是心自然不动摇。司马光说「我找到了存心的方法了，我只管在心中念一个『中』字」，这又是心被「中」给束缚着了。况且中又是个什么样子呢？有的人胸中常常像有两个人，他想做善事，像有恶念在阻拦着；想做坏事，又像有羞恶之心使他做不得。本来没有两个人，这正是心中无主两意交战的验证啊。如果守持你的心志，使心所感之气不能扰乱你的心。心乱与否可以验证你能否守志。总之，圣贤是一定没有心意动摇的毛病的。

【原文】

明道先生曰：某寫字時甚敬，非是要字好，只此是學。

——《二程遺書》卷三

【译文】

程颢说：我写字时非常敬谨，这不是为了要把字写好，只是由于保持敬谨就是学道。

【原文】

伊川先生曰：聖人不記事，所以常記得。今人忘事，以其記事。不能記事，處事不精，皆出於養之不完固。

——《二程遺書》卷三

【译文】

程颐说：圣人不去记事，所以常常记得。今人多忘事，因为他着意去记事。不能记住事，处理事不精审，都是由于心涵养得不够完固。

【原文】

明道先生在澶州日，修橋，少一長梁，曾博求之民間。後因出入，見林木之佳者，必起計度之心。因語以戒學者：心不可有一事。

——《二程遺書》卷三

【译文】

程颢在澶州的时候，修桥，缺少一根长梁，曾在民间广泛寻求。后来有事外出，看到树木长得好的，不由自主地一定想要量一下。他因而告诫学生：人的心里不能存有一事。

【原文】

伊川先生曰：入道莫如敬，未有能致知而不在敬者。今人主心不定，視心如寇賊而不可制。不是事累心，乃是心累事。當知天下無一物是合少得者，不可惡也。

——《二程遺書》卷三

【译文】

程颐说：进修圣道没有比持敬更重要的了，从来没有能够致知明理而心不存于敬的。现在的人心中没有一个主宰而不安定，把心看做容易被外事牵累需要严加防范而不可制伏的寇贼。这不是外事牵累了你的心，却是你的心牵累了外事。应该懂得天下没有任何一事一物是应该缺少的，所以不可厌烦外事。

【原文】

人只有一個天理，卻不能存得，更做甚人也！

——《二程遺書》卷十八

【译文】

人只有这么个与生俱来的天理，却不能保持着，还做什么人啊！

【原文】

人多思慮，不能自寧，只是做他心主不定。要作得心主定，惟是止於事，「爲人君止於仁」之類。如舜之誅四凶，四凶已作惡，舜從而誅之，舜何與焉？人不止於事，只是攬他事，不能使物各付物。物各付物，則是役物。爲物所役，則是役於物。有物必有則，須是止於事。

——《二程遺書》卷十五

【译文】

人思虑多，不能安宁，只是他心中没有一定的主宰。要使心中有个定主，只有把心思限定在应考虑的事上，就像《大学》上说的「作为君主只在于为仁」那样。如舜诛四凶，四凶自己作恶，舜因而流放了他们，这和舜有什么关系？人不能把思虑限定在他应做的事上，只是兜揽别的事，就不能一件事一件事分别按它自身的事理去对待。一件事一件事各按其自身的当然对待

了，就是人心役使外物。如果被外物驱使着，就是心役于外物。有一事物必然有一事物的道理，应该使人心限定在应做的事上。

【原文】

不能動人，只是誠不至。於事厭倦，皆是無誠處。——《二程遺書》卷五

【译文】

接人处事中不能感动人，只是因为不够诚。对于事务的厌倦，都是缺乏诚心的表现。

【原文】

靜後見萬物自然皆有春意。——《二程遺書》卷六

【译文】

心静便能发现万物自然都充满了生机。

【原文】

孔子言仁，只說「出門如見大賓，使民如承大祭」。看其氣象，便須「心廣體胖」，「動容周旋」中禮自然，惟慎獨便是守之之法。聖人「修己以敬，以安百姓」，「篤恭而天下平」。惟上下一於恭敬，則天地自位，萬物自育，氣無不和，四靈何有不至？此「體信達順」之道。聰明睿智，皆由是出。以此事天饗帝。——《二程遺書》卷六

【译文】

孔子谈到仁，只说「走出家门时恭敬得就像去接待贵宾，使唤百姓谨敬得就如承当大的祭典」。看那气度，就该是「心广体胖」，平时「举止容仪、接待人事」无不符合礼的自然，只有慎独是守持这谨敬的方法呀。圣人「修养自己做到敬，以此来安定老百姓」，「厚实谨慎而天下太平」。只有上边的人与下边的人全都统一在恭谨敬慎的态度上，那么天地就自然各在其位，万物就自然养育成长，气也没有不和的，麟凤龙龟这四灵为什么不显现到来呢？这就是「表达天理人情及表达其顺应天理人情」的方法。聪明睿智都从这恭敬中来。用这恭敬的态度来侍奉上天祭享上帝。

【原文】

存養熟後，泰然行將去，便有進。——《二程遺書》卷六

【译文】

本心操存涵养达到纯熟后，泰然自若地去做事，学问就自有进益。

【原文】

不愧屋漏，則心安而體舒。——《二程遺書》卷六

【译文】

在暗室中也不做有愧于心的事，人就能心安体舒。

【原文】

心要在腔子裏。——《二程遺書》卷七

【译文】

心要在自己的身躯里。

【原文】

只外面有些隙罅，便走了。——《二程遺書》卷七

【译文】

只要外面有一点点的缝隙，这心就放逸奔驰而去了。

【原文】

人心常要活，則周流無窮，而不滯於一隅。——《二程遺書》卷五

【译文】

人心常要自主自由，这样才能周流无穷而不被羁绊在某一个角落里。

【原文】

明道先生曰：「天地設位而易行乎其中」，只是敬也。敬則無間斷。——《二程遺書》卷十一

【译文】

程颢说：《周易》说的「天地的位置确立了，易道就流行在天地之间」，也只是敬。能敬就能流行无间断。

【原文】

「毋不敬」，可以對越上帝。——《二程遺書》卷十一

【译文】

能做到「毋不敬」，其德行可以与上帝相称。

【原文】

敬勝百邪。——《二程遺書》卷十一

【译文】

持敬就能战胜一切邪念。

【原文】

「敬以直內，義以方外」，仁也。若以敬直內，則便不直矣。「必有事焉而勿正」，則直也。——《二程遺書》卷十一

【译文】

「以敬谨的态度保持内心正直，以正义作为外在的行为准则」，这是仁。如果说用敬去把内

心搞正直，那是有意去使它直，本身就不直了。要像孟子说的「要修养内心而不要有一个预先的企盼」，让心在涵养中自然而直就直了。

【原文】

涵養吾一。

——《二程遺書》卷十五

【译文】

涵养我精诚不二之本心。

【原文】

子在川上曰：「逝者如斯夫！不捨晝夜。」自漢以來，儒者皆不識此義。此見聖人之心，純亦不已也。純亦不已，天德也。有天德便可語王道，其要只在慎獨。

——《二程遺書》卷十四

【译文】

孔子在河边叹道：「逝去的就像这流水呀！日夜不停。」这话从汉代以来，儒者都不懂其中的含义。从这句话就可以看出，圣人之心，与天道一样，是纯一的又是流转不已的。纯一而又流转不已，是上天的德行。有了这天德才能谈论王道，这关键只在于要慎独。

【原文】

「不有躬，無攸利。」不立己，後雖向好事，猶爲化物，不得以天下萬物爲撓己。己立後，自能了當得天下萬物。

——《二程遺書》卷六

【译文】

「丧失了自身，是无所有利的。」人不自立，心无主，后来尽管是向好的方面做去，也不是自心做主，而是为物所引，这仍然是人为物所化，这就不免被天下万物扰乱其心。人如自立以后，心有主宰而后应事，自然能了结得天下万事。

【原文】

伊川先生曰：學者患心慮紛亂，不能寧靜。此則天下公病。學者只要立個心，此上頭盡有商量。

——《二程遺書》卷十五

【译文】

程颐说：学道的人怕的是心思纷乱，不能宁静。这是天下学道者的通病。学者只要先心有所主，在此基础上去用力就大有探讨。

【原文】

閑邪則誠自存，不是外面捉一個誠將來存著。今人外面役役於不善，於不善中尋個善來存著，如此則豈有入善之理？只是閑邪則誠自存。故孟子言性善皆由内出。只爲誠便存，閑邪更著甚工夫？但惟是動容貌，整思慮，則自然生敬。敬只是主一也。主一則既不之東，又不之西，如是

則只是中；既不之此，又不之彼，如是則只是內。存此則自然天理明。學者須是將「敬以直內」涵養此意。直內是本。

——《二程遺書》卷十五

【译文】

防范了邪念自然诚也就操存于心了，不是从外面捉一个诚来存放到心里。今天的人在外面忙忙碌碌地干坏事，却在不善中寻找一个善来存放在心里，这样做哪有走向善的道理呢？仍然是防范住了邪念，诚也就自然存于心了。所以孟子谈到性善时所说的善都是从人内心发出的。只因为诚已经存于心了，防范邪念还需要做什么工作呢？也只剩下外面整齐容貌，内心齐一思虑，如此自然就产生了谨敬之心。敬只不过是使思虑专主于一。专主于一，心思就既不向东，也不向西，这样就只是守中；既不向这边去，也不向那边去，这样就只是存于内。如此存心那么自然天理明。学者应该用「谨敬以使内心正直」来涵养内心。使内心正直是根本。

【原文】

閑邪則固一矣。然主一則不消言閑邪。有以一爲難見，不可下工夫，如何？一者無他，只是整齊嚴肅，則心便一。一則自是無非僻之干。此意但涵養久之，則天理自然明。

——《二程遺書》卷十五

【译文】

防范邪僻就使思虑更加专一了。但心如能主于一就不需要再说防邪。有人以为一字玄虚

不可捉摸，没法去下工夫，怎么办呢？其实一没有别的意思，只要仪容整齐神情严肃，心就能专一。一不过是没有邪僻之念的干扰而已。这个意思只要涵养得久了，也就自然能明天理。

【原文】

有言：「未感時，知何所寓？」曰：「操則存，舍則亡；出入無時，莫知其鄉。更怎生尋所寓？只是有操而已。操之之道，『敬以直內』也。」

——《二程遺書》卷十五

【译文】

有人说：「没有事相感时，知道心寄寓在哪里呢？」程颐说：「孟子引孔子的话说：守持着它，就存在，舍弃了它，就亡佚；出出进进没有一定时候，也不知它去向何处。又怎么去找它寄寓的地方呢？只是要操持它不使亡失而已。操持心的办法，就是《周易》上说的『敬以直内』。」

【原文】

敬則自虛靜，不可把虛靜喚做敬。

——《二程遺書》卷十五

【译文】

人敬则心自然虚静，但不能把虚静就称作敬。

【原文】

學者先務，固在心志。然有謂欲屏去聞見知思，則是「絶聖棄智」；有欲屏去思慮，患其紛亂，則須坐禪入定。如明鑒在此，萬物畢照，是鑒之常，難爲使之不照？人心不能不交感萬物，難爲使之不思慮？若欲免此，惟是心有主。如何爲主？敬而已矣。有主則虚，虚謂邪不能入。無主則實，實謂物來奪之。大凡人心不可二用，用於一事，則他事更不能入者，事爲之主也。事爲之主，尚無思慮紛擾之患，若主於敬，又焉有此患乎？所謂敬者，主一之謂敬。所謂一者，無適之謂一。且欲涵泳主一之義，不一則二三矣。至於不敢欺，不敢慢，「尚不愧於屋漏」，皆是敬之事也。

——《二程遺書》卷十五

【译文】

学者首要的事，固然在于守持心志。但有的人说想要摒弃见闻知识思虑，那就成了老庄的「绝圣弃智」；有的人说要摒除心中思虑，担心思虑纷乱使心不能主一，那就得学佛家坐禅入定。好比有一面明镜在这里，万物无所不照，这在明镜是正常的，难道要让它不照吗？人心也是如此，它不能不与万物交感，难道要心不思考吗？要想免除思虑的纷扰，只有使心有主。怎样叫做主呢？不过就是敬。心有主就虚灵，虚灵是说邪念进不来。心无主就实，实就是说物欲一来就会迫使心随物而化。大凡人一心不可二用，用在一件事上，别的事再不能入心的原因，是这一件事成了心的主宰。一件事为心之主，尚且没有思虑纷扰的担忧，如果心主于敬，又哪里会有这样的忧虑呢？所谓的敬，专主于一就叫做敬。所谓的一，心不放逸外驰就叫做一。学者要涵泳这主一之义，不能主一就三心二意。至于不敢欺妄，不敢怠慢，「还有不愧于暗室」等，都属于敬的事。

【原文】

嚴威儼恪，非敬之道，但致敬須自此入。

——《二程遺書》卷十五

【译文】

只是外表的严肃庄重，这不是持敬的方法，但要达到内心的谨敬，需要从这里开始做起。

【原文】

「舜孳孳爲善。」若未接物，如何爲善？只是主於敬，便是爲善也。以此觀之，聖人之道，不是但嘿然無言。

——《二程遺書》卷十五

【译文】

「舜孜孜不倦地做善事。」但孟子说的鸡鸣而起，如果这时还没有与外事相接，他怎么做善事呢？其实只要内心主于敬，就是做善事了。从这点上看，圣人之道，不仅仅是默而无言的。

【原文】

問：「人之燕居，形體怠惰，心不慢，可否？」曰：「安有箕踞而心不

慢者？昔吕與叔六月中來緱氏，閑居中某嘗窺之，必見其儼然危坐，可謂敦篤矣。學者須恭敬，但不可令拘迫，拘迫則難久。」

——《二程遺書》卷十八

【译文】

有人问："人在闲居的时候，身体懒散，但心不怠慢，可以吗？"程颐说："哪里有伸着两条腿坐着心却不怠慢的呢？过去吕大临在炎热的六月来缑氏，闲居中我曾经悄悄看他，每次都见他庄重地端端正正地坐着，可称得上是厚实笃诚了。学者应该恭敬，但不能太拘谨了，拘谨了就不能持久。"

【原文】

「思慮雖多，果出於正，亦無害否？」曰："且如在宗廟則主敬，朝廷主莊，軍旅主嚴，此是也。如發不以時，紛然無度，雖正亦邪。」

——《二程遺書》卷十八

【译文】

问："人的思虑虽然多，但确实都是端正无邪的，也没有什么妨害吧？"程颐说："就比方说在宗庙里就应主于敬，在朝廷上就应庄重，在军队中就主于严肃，这些都是对的。如果你的思虑不是适时而发，又纷乱得没有个法度，那么纵然是正确的思虑也是邪念。"

【原文】

蘇季明問："喜怒哀樂未發之前求中，可否？」曰："不可。既思於喜怒哀樂未發之前求之，又卻是思也。既思即是已發。才發便謂之和，不可謂之中也。」又問："吕學士言當求於喜怒哀樂未發之前，如何？」曰："若言存養於喜怒哀樂未發之前，則可；若言求中於喜怒哀樂未發之前，則不可。」又問："學者於喜怒哀樂發時，固當勉強裁抑。於未發之前，當如何用功？」曰："於喜怒哀樂未發之前，更怎生求？只平日涵養便是。涵養久，則喜怒哀樂發自中節。」曰："當『中』之時，耳無聞、目無見否？」曰："雖耳無聞，目無見，然見聞之理在始得。賢且說靜時如何？」曰："謂之無物則不可，然自有知覺處。」曰："既有知覺，卻是動也，怎生言靜？人說《復》其『見天地之心』，皆以謂至靜能見天地之心，非也。《復》之卦下面一畫，便是動也，安得謂之靜？」或曰："莫是於動上求靜否？」曰："固是，然最難。釋氏多言定，聖人便言止。如『爲人君止於仁，爲人臣止於敬』之類是也。《易》之《艮》言止之義曰：『艮其止，止其所也。』人多不能止，蓋人萬物皆備，遇事時各因其心之所重者更互而出。才見得這事重，便有這事出。若能物各付物，便自不出來也。」或曰："「先

生於喜怒哀樂未發之前，下『動』字？下『靜』字？」曰：「謂之靜則可，然靜中須有物始得。這裏便是難處。學者莫若且先理會得敬，能敬則知此矣。」或曰：「敬何以用功？」曰：「莫若主一。」季明曰：「昞嘗患思慮不定，或思一事未了，他事如麻又生，如何？」曰：「不可，此不誠之本也。須是習，習能專一時便好。不拘思慮與應事，皆要求一。」

——《二程遺書》卷十八

【译文】

苏昞问：「在喜怒哀乐未发之前去求中，可以吗？」程颐说：「不可。既然考虑着在喜怒哀乐未发之前去寻求，就是思考了。既然思考了就是已发。刚刚一发就称作和，而不能再称作中了。」又问：「吕大临说应该在喜怒哀乐未发之前去求中。他这话怎么样呢？」程颐说：「如果说在喜怒哀乐未发之前存养中则可，若说在喜怒哀乐未发之前去求得中则不可。」又问：「学者在喜怒哀乐表现出来时，自然应该勉行中道，而裁抑那些或过或不及不中的情思。但在未发之前，应该如何用力去涵养呢？」程颐说：「在喜怒哀乐未发之前，又怎么能求得中呢？只不过平日涵养其心使其中就是了。涵养得久了，到喜怒哀乐表现出来时就自然中节合度。」问：「当处于中而未发的时候，是不是耳无闻、目无见？」程颐说：「虽然耳无闻，目无见，但要心有闻见之理才行。你先说一说在静的时候你的心是怎么样的？」回答说：「要说心中有物则不

是，但心自有知觉。」程颐说：「既然有知觉，那就是动，怎么说是静呢？人们讲解《周易》中从《复卦》可以看到天地之心这句话，都认为在至静的时候能见天地之心，这是错误的。《复》卦下边那一阳爻，就是一阳动了，怎么能说是静呢？」有人说：「莫非是在动上求静吗？」程颐说：「固然是这样，但这是最难的。佛教不说静而多说定，圣人就说止，如《大学》上说『为人君止于仁，为人臣止于敬』之类便是。《周易》的《艮卦》解释止的含义说：『艮其止，止于它应在的处所。』人大多不能止，因为人心中万物具备，遇事时各人都会在他心中情感浓重的方面轮番超出应有的限度。才觉得这事重了，就在这事上表现得出格了。如果能按事物之当然去对待事物，就自然不会出格了。」有人说：「先生对于喜怒哀乐未发之前的认识，是『动』呢，还是『静』呢？」程颐说：「说是静是可以的，但静中需要有物才行。这里就是难把握难用功处。学者不如先去领会敬，能敬就明白了动中求静和静中有物了。」有人说：「敬怎么去用功呢？」程颐说：「最重要的是主一。」苏昞说：「我常常为思虑不定烦心，有时考虑一个事还没完，别的事又像乱麻一样丛生，怎么办呢？」程颐说：「这样不行，这是人不诚的根源。应该培养习惯，养成了能够专一的习惯就好了。不论是思考还是处事，都应该求得专一。」

【原文】

人於夢寐間，亦可以卜自家所學之淺深。如夢寐顛倒，即是心志不定，操存不固。

——《二程遺書》卷十八

【译文】

人在梦寐中，也可以检验自己学道的深浅。如果梦魂颠倒，就说明心志不定，操守存养还不稳固。

【原文】

問：「人心所繫著之事果善，夜夢見之，莫不害否？」曰：「雖是善事，心亦是動。凡事有朕兆入夢者卻無害，捨此皆是妄動。人心須要定，使他思時方思，乃是。今人都由心。」曰：「心誰使之？」曰：「以心使心則可。人心自由，便放去也。」

——《二程遺書》卷十八

【译文】

有人问：「人心系缚于物，而所系的确实是善事，夜里梦到这事，也许没有什么危害吧？」程颐说：「纵然是善事，也是心动了。凡事有预兆而入梦的没有害处，其他的几种梦都是心思妄动。人心应该安定，要它思考时才思考才是。今天的人却都听由自己的心去乱想。」又问：「心不由心，心是谁指使呢？」程颐说：「以心来指使心就可以了。人听由心自行去想，就会放逸而失去了。」

【原文】

持其志，無暴其氣，内外交相養也。

——《二程遺書》卷十八

【译文】

要守持你的心志，不要伤害你的气，这就是从内志与外气两方面涵养其心。

【原文】

問：「『出辭氣』，莫是於言語上用工夫否？」曰：「須是養乎中，自然言語順理。若是慎言語，不妄發，此卻可著力。」

——《二程遺書》卷十八

【译文】

有人问：「曾子说的『出辞气』，莫不是在言语上下功夫吗？」程颐说：「应该是涵养其心，自然言语顺理。如果是慎言语，不妄言，这却是可以（在言语上）用功的。」

【原文】

先生謂繹曰：「吾受氣甚薄，三十而浸盛，四十五十而後完。今生七十二年矣，校其筋骨，於盛年無損也。」繹曰：「先生豈以受氣之薄，而厚爲保生邪？」夫子默然，曰：「吾以忘生徇欲爲深耻。」

——《二程遺書》卷二十一上

【译文】

程颐对张绎说：「我先天禀气很薄，到三十岁上才渐至气血强盛，到四五十岁才完备。今年七十二了，看看我这筋骨，和盛年相比还没有损失。」张绎说：「先生您莫不是因为先天禀气

薄，因而注重养生吗？」程颐默然，然后说：「我把不顾身体一味纵欲看做是大耻。」

【原文】

大率把捉不定，皆是不仁。

——《二程外書》卷一

【译文】

大率人心把握不定，都是由于不仁。

【原文】

伊川先生曰：致知在所養，養知莫過於「寡欲」二字。

——《二程外書》卷二

【译文】

程颐说：获取知识需要培养智力，而培养智力没有比「寡欲」二字更重要的了。

【原文】

心定者，其言重以舒。不定者，其言輕以疾。

——《二程外書》卷十一

【译文】

心有主定的人，说话审慎而舒缓。心无主定的人，说话轻率而急躁。

【原文】

明道先生曰：人有四百四病，皆不由自家，則是心須教由自家。

——《二程外書》卷十二

【译文】

程颢说：人有四百零四种病，都由不得自己，只是这心应教它由得自己。

【原文】

謝顯道從明道先生於扶溝，明道一日謂之曰：「爾輩在此相從，只是學顥言語，故其學心口不相應，盍若行之？」請問焉，曰：「且靜坐。」伊川每見人靜坐，便歎其善學。

——《二程外書》卷十二

【译文】

谢良佐跟随程颢在扶沟，有一天程颢对谢良佐说：「你们在这里跟着我，只是学了些我的言语，所以你们的学问心口不能相应，不如去实行。」谢良佐问怎么做，程颢说：「且去静坐吧。」程颐则每看见人静坐，就赞叹这人善学。

【原文】

橫渠先生曰：始學之要，當知「三月不違」與「日月至焉」，內外賓主之辨。使心意勉勉循循而不能已，過此幾非在我者。

——張載《橫渠文集》

【译文】

张载说：初学的关键在于，要明白「长久不离开仁」的人与「偶然想到一次仁」的人内外宾主的不同。使你的心意努力不懈，不停地循序而进，过了这一阶段，学业的进步几乎就不由自主了。

【原文】

心清時少，亂時常多。其清時視明聽聰，四體不待羈束而自然恭謹。其亂時反是。如此何也？蓋用心未熟，客慮多而常心少也，習俗之心未去，而實心未完也。人又要得剛，太柔則入於不立。亦有人主無喜怒者，則又要得剛，剛則守得定不回，進道勇敢。載則比他人自是勇處多。

——張載《經學理窟·學大原下》

【译文】

人心清净的时候少，纷乱的时候多。心清时人就耳聪目明，四肢不需要约束就自然谨恭。心乱的时候恰好相反。这是什么原因呢？是因为涵养其心还不纯熟，纷纷乱乱的杂念多而恒常之心少，习俗之心没能除去，义理之心未能完备。人又需要刚强，太柔弱就流于站不住脚。也有人主张无喜无怒，这样人需要刚强，刚了就能坚定不移，求进于道时就勇猛敢为。我张载比别人就是勇猛的地方多。

【原文】

戲謔不惟害事，志亦爲氣所流。不戲謔亦是持氣之一端。

——張載《横渠語録》

【译文】

开玩笑不仅害事，并且心志也会为气所动而乱。不开玩笑也是守持心志的一个方面。

【原文】

正心之始，當以己心爲嚴師。凡所動作，則知所懼。如此一二年，守得牢固，則自然心正矣。

——張載《經學理窟·學大原上》

【译文】

当正心之始，应以自己的心为严师。凡要有动作时，就知道哪些是应该戒惧的。如此做上一二年，守持得牢固，那么心就自然正了。

【原文】

定然後始有光明。若常移易不定，何求光明？《易》大抵以《艮》爲止，止乃光明。故《大學》定而至於能慮。人心多則無由光明。

——張載《横渠易説·大畜》

【译文】

定止以后才会有光明。如果常常移动不定，哪来光明？《周易》上大抵把《艮》卦的意思解释为止，止就光明。所以《大学》要由定而渐渐达到能思考。人心烦杂就不能光明。

【原文】

「動靜不失其時，其道光明。」學者必時其動靜，則其道乃不蔽昧而明白。今人從學之久，不見進長，正以莫識動靜，見他人擾擾，非關己事，而所修亦廢。由聖學觀之，冥冥悠悠，以是終身，謂之光明可乎？

——張載《横渠易説·艮》

【译文】

「动静不失其时，它的道就光明。」学道的人一定要顺时宜把握自己的动静，他的道才能不被蔽塞而明白。现在的人从师学道很久，不见长进，正是由于不明白动静之机，看见别人忙忙乱乱的，本来与自己无关，自己也跟着动起来，结果自己所进修的道也荒废了。用圣人之学来看这些人，昏昏沉沉，如此过了一生，说他们光明可以吗？

【原文】

敦篤虛靜者仁之本。不輕妄則是敦厚也，無所繫閡昏塞，則是虛靜也。此難以頓悟。苟知之，須久於道實體之，方知其味。夫仁亦在乎熟之而已。

——張載《孟子説》

【译文】

敦厚虚静是仁的根本。而不轻妄就是敦厚，心灵没有隔阂和蔽塞就是虚静。这一点难以一下子领悟。如果要理解，需要长期对于道有切实的体验，才能知得其中之味。仁也在于人心存养纯熟而已。